My Step 改訂版

マイ ステップ

性被害を受けた子どもと支援者のための心理教育

野坂祐子・浅野恭子 著

誠信書房

はじめに

- できごとを思い出すと、身を固くして泣き出す子ども
- 「話したくない」と口をつぐみ、何日も眠れずに疲れきった表情を見せる子ども
- なにごともなかったかのように、家庭でも学校でも明るくふるまっている子ども
- 身近な人にも不信感や敵対心を向け、無言のままイライラしている子ども
- 暴力や非行、逸脱的な性行動を繰り返し、家庭や学校での居場所を失いつつある子ども

　性暴力を受けた子どもの姿は、さまざまです。

　「いやな体験をしたのだから、どんなにか傷ついていることか」と思って向けた大人のまなざしの先には、意外にも元気そうな子どもの姿があるかもしれません。あるいは、「たいしたことにならずによかった」とほっとしたのも束の間、いつまでも元気のない子どもの姿にとまどう大人もいるかもしれません。いったい、どちらが「性被害を受けた子ども」の姿なのでしょうか。実際には、どちらもよくある子どもの姿です。

　また、対人関係がうまくとれず、思春期を迎えると、非行やリスクのある性行動を繰り返すようになる子どももいます。周囲は「どうしてそんな行動ばかりとるのか」と子どもの気持ちがわからず、腹立たしく思ったり、あきれたりします。つぎつぎに問題やトラブルを起こすので、その子どもは問題児（ときには加害者）とみなされることもあります。実際、その子どもにふりまわされたり、傷つけられたりする人たちもいるからです。誰彼なしにセックスをしているようにみえたり、いわゆる援助交際（パパ活）のようにセックスを道具として使ったりするものの、そうした場面で相手から傷つけられたり搾取されたりして、さらに自暴自棄になっていく子ども。**大人たちからさんざん「もっと自分を大切にしなさい」と怒られている子どもの背景には、過去に「自分を大切にしてもらえなかった」性被害体験があることが少なくありません。**

　一般的に、こうした問題行動を示す子どもは、「性被害を受けた子ども」の姿としてはイメージされにくいようです。しかし本来、その子どもは加害者として非難や叱責を受ける前に、被害者としてケアされるべきだったのです。性被害を受けたのに周囲に見過ごされている子どもたちに、もっと目を向けていく必要があります。

2 性暴力によるトラウマ

　性暴力は、ほかの事件や事故、災害と同じくトラウマ（心的外傷）になりうるもので、子どものこころや発達に深刻な影響をもたらします。つまり、「あやうく殺害されそうになった」「交通事故にあった」「震災で家や家族を失った」といったできごとと同様に、「性器を触られた、触らせられた」という体験も、子どもをとまどわせ、身をすくませる体験になるのです。

　しかし、ほかのトラウマと比べて、性暴力によるトラウマ（性的トラウマ）が異なるのは、子ども自身がそれを被害体験だと認識できない場合があるという点でしょう。ナイフを突きつけられたり、車にひかれそうになったりすれば、だれでも「こわかった」「大変な目にあった」と思います。まわりも被害を受けた子どもを病院に連れていき、その後も気にかけてくれるでしょう。何年経っても「あれは大変なできごとだった」と、周囲も本人もそのできごとを共有しているものです。

　ところが、性暴力の場合、子どもは自分の身に起きたことがなんなのか、これはだれもが経験することなのか、大人に言ったほうがいいのか、言ったら叱られるのか、それとも助けてもらえるのか、それすらわからないことが少なくありません。そのうえ大人も、子どもが性暴力を受けていることに気づかない場合がほとんどです。長年、家庭のなかで性暴力が続いていても、一緒に暮らしている家族がまったく気づいていなかったという例はめずらしくありません。なにかおかしいというサインはキャッチしていても、「まさか、そんなことが」「気のせいだろう」「たまたまにちがいない」と、事態を否認したり、最小化（事実を矮小化して捉えること）をして見過ごしたりしてしまうこともよくあります。

　家庭外で起きた性暴力も同様です。たとえ、子どものなんらかの異変に気づいて「どうしたのかな」と思っても、「でも、元気そうだし」「ふだんどおり学校に行けているし」「しばらく様子を見よう」と、否認や最小化をして、事実やその影響の深刻さから目をそらしてしまいがちです。子どもの身近にいる大人としては、「性暴力なんてめったに起こるものではない」という思い込みや、目の前の子どもが性暴力をふるわれたことを信じたくない気持ち、そのことで子どもが傷ついていることを受けとめがたいという抵抗感がわくものなのです。また、大人の側に性被害を受けた経過がある場合、事実を見ないようにしたり、自分の気持ちが混乱して対応できなくなったりすることがあります。

　このように、**本人も周囲も、それを被害体験であると認識しない（したくない）傾向が強い**のが、性暴力の特徴のひとつです。とりわけ男の子の場合は、こうした傾向がいっそう強くなります。

③ 性被害体験による影響

　しかし、「からだや性器を触られた、触らせられた」といった体験は、子どもを混乱させるものです。たいていの子どもは、「なにかおかしい」という違和感や不快感、また恐怖や不安を覚えます。ところが、多くの場合、加害者は家族や親戚、近所の人、友だちや同じ学校や地域の上級生など、子どもがふだんから知っている人であり、子どもが信頼や愛情を寄せている相手なのです。

　身体的な暴行を伴うこともありますが、多くの場合、子どもに性暴力をふるうのに、身体的暴力は必要ではありません。加害者は子どもに優しく声をかけ、遊んであげたり、気遣うふりをしたりするというグルーミング（手なずけ）をおこないながら性暴力に至る場合が多いからです。すると、子どもは「なにかおかしい」という思いを、加害者や性暴力に対して向けるのではなく、自分自身に向けるようになります——**「きっと、わたしのほうがおかしいんだ」**と。そう信じ込むことで、子どもは自分の世界観（大人は正しい、人は自分を傷つけるわけがない、世の中は安全だ）を守ろうとするのです。自分自身を疑い、自信を失った子どもは、さらなる性被害にあいやすくなります。次第に、子どもの世界観が揺らいでいき、他者への信頼感を失い、世の中を危険なものだと思うようになってしまいます。

　とくに男の子の場合、そうした体験に違和感を覚えたり、その後にイライラしたり落ち込んだりすることがあっても、「男の自分が性被害を受けるわけがない」という思い込みによって、被害体験自体を否認してしまいがちです。そのため、時間が経過してさまざまな問題が起きたとしても、本人は過去の被害体験の影響であるとは思いもよらず、だれかに相談することもありません。

　思春期を迎えた子どもが示す問題行動や不適応、非行の背景には、しばしばそれ以前に受けた性被害によって生じた自己と他者への不信感や不安、怒りの感情があるものです。**安心感や安全感、自他への信頼感、自信を失ってしまうのが、性暴力のもうひとつの特徴**です。

④ "性被害体験"に気づくこと

　このように性的トラウマは、本人にすら被害体験として自覚されず、周囲からも被害と認知されず、手当てもしてもらえないことが少なくありません。たとえ、子どもが被害を打ち明けたとしても、**「どうして逃げなかったの」「なぜすぐに言わなかったの」**と責められたり、**「あの子にも隙があるから」「自分から危険な場所に近づいたのだから自業自得だ」**と性暴力の責任を負わされたりすることもあるのです。

　たしかに、一見しただけでは、子どもはいやがるそぶりもなく相手についていき、被害

のあとも相手と会ったり、なかには自分から無防備な性的関係に身を投じたりしているようにみえることがあります。まるで本人も望んだうえでの行為であるかのように感じられることもあるでしょう。そのため、大人の側に「いやなら逃げるはずだ、こわいなら避けるはずだ」といった発想がうまれ、被害者が非難されてしまいます。

しかし、加害者の手段は非常に巧妙であり、遊びや世話のふりをしながら性暴力をふるったり、脅しや説得、ときには嘆願によって被害者の抵抗を封じたり、被害者の自責感や自信のなさにつけこんで言いなりにさせたりするため、実際に被害者が逃げるのはとてもむずかしいことなのです。その結果、子どもは性暴力そのものによる傷つきに加えて、**なすすべがなかったという無力感**や、**断れなかったという罪悪感**、**だれにも理解してもらえないという孤立感**をいだきます。

このように性的トラウマとは、性暴力を受けたという体験を意味するだけではなく、本人や周囲の誤解や無理解による傷つきも含むものなのです。

⑤ 性被害からの回復

性被害からの回復に必要なのは、第一に、**子どもの安全が確保されること**です。当然のことながら、被害を受け続けている状況では、回復できません。加害者と離れたからといって、子どもはすぐに安全や安心を取り戻せるわけではありません。安定した環境のなかで、ケアを受けながら、子どもは自分の身に起きたことを被害体験であると理解し、少しずつ自分のこころやからだの状態に気づけるようになるのです。

多くの子どもが、自分がいけなかったからあのできごとが起こったのだと考えており、心身の調子がすぐれず、周囲とうまくやれないのは自分のせいだと思っています。そのため、第二に、**子どもの話を聴き、性暴力について情報提供をしながら、一緒に考えていくための心理教育**が求められます。性暴力は加害者が選んだ行動であり、責任を問われるべきは被害者ではなく加害者です。性被害を受けた子どもに関わる大人は、それを子どもにはっきりと伝える必要があります。

近年、トラウマフォーカスト認知行動療法（コーエンら，2014, 2015）など、子どものトラウマに対する専門的な援助技法が開発され、トラウマ症状の軽減や、自信や自己肯定感の向上などに高い効果が認められています。そうした治療を提供する専門機関も増えつつありますが、一般の相談機関や学校・施設などで活用できる支援ツールはじゅうぶんではありません。

⑥ 『マイ ステップ』がめざすところ

本書は2016年に刊行した『マイ ステップ——性被害を受けた子どもと支援者のための心理教育』の改訂版（以下、『マイ ステップ』）です。この本は、性被害を受けた子ども

たちや性問題行動を起こした子どもたちへの支援現場からうまれたものです。支援者を対象としたアンケート調査や実施後のフィードバックの内容から、課題の調整を重ねてきました。改訂版では、近年の刑法改正や男子への性暴力に対する関心の高まりといった社会的動向を反映させ、またインターネットを介した性暴力被害についての情報も追記しました。また、初版ではワークシートを CD-ROM で頒布しましたが、誠信書房の本書のウェブページからダウンロードできる使いやすいものにしました（次頁ご参照ください）。

『マイ ステップ』は、性暴力に関する心理教育をベースに、子どもの気持ちや考えを整理しながら、再被害を防ぐためのソーシャルスキルの学習を中心に構成されています。被害体験によるトラウマを直接扱うような専門的治療につながる前に、スクールカウンセラーやソーシャルワーカー、養護教諭や施設職員など、子どもに関わるさまざまな立場の援助職ができることはたくさんあります。子どもにとってはむしろ、そうした身近な大人と話しながら、一緒に課題をおこなうほうが取り組みやすいこともあるでしょう。

また、被害体験そのものを語るワーク（トラウマナレーション）は入っていないので、子どもはもとより支援者にとっても、安心して安全に実施できるはずです。性暴力のトラウマから回復するには、長期的な関わりや専門的な支援が求められ、治療において取り組むべき課題はたくさんありますが、本書では課題を厳選し、子どもに伝えたい最低限の内容にとどめました。もちろん、本書で紹介しているワークをこなせば、だれでも回復できるというものではありません。課題に取り組むまでのサポートも必要ですし、これらの学習は回復に向かう長い道のりのスタートにすぎません。ここで説明している心理教育やワークは、いわば性的トラウマに向き合えるようになるための準備体操のようなものと位置づけられます。トラウマから回復していく道のりは、決して容易なものではありません。しかし、子どもが「ひとりぼっちではない」と感じられれば、回復への道も歩みやすくなります。

そのため、子どもが性暴力について学び、性被害のことを「話していいんだ」「話してよかった」と感じられる体験をするだけでも、子どもは回復する苦しみを乗り越える自信を高められるでしょう。つまり、『マイ ステップ』を使った支援は、子どもが「回復するのもひとつの選択肢だ」「自分の回復のために取り組んでみよう」と思えるまでの準備段階をサポートするものといえます。

また、本書執筆者による訳書『あなたに伝えたいこと――性的虐待・性被害からの回復のために』（シンシア・L・メイザー、K・E・デバイ著、誠信書房、2015年4月）の内容も、本書の解説やワークに反映しています。子どもへの性暴力に関する理解とアセスメント、支援の実際については、『子どもへの性暴力――その理解と支援［第2版］』（藤森和美・野坂祐子編、誠信書房、2023年7月）でも紹介していますので、併せてご活用ください。

謝　辞

　本書は、これまで支援現場で出会ってきたたくさんの子どもたちの声や、子どもを支え
る保護者や児童相談所職員、施設職員、教職員、支援者の方々との関わりから作成されま
した。また、初版『マイ ステップ』についても、臨床家の方々から貴重なご意見を頂戴
しました。この場をかりて、お礼申し上げます。

　改訂版の出版においては、誠信書房の小寺美都子さんに、多大なご協力とサポートをい
ただきました。心よりお礼申し上げます。

2023年10月

野坂祐子・浅野恭子

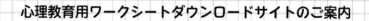

心理教育用ワークシートダウンロードサイトのご案内

心理教育用のワークシートは出版社の下記サイトより本書ウェブページの内容説明
内よりダウンロードできます。URL と QR コードは下記の通り。

https://www.seishinshobo.co.jp/book/b10040304.html

目　次

はじめに　*iii*

I　支援者が知っておきたいこと

第1章　性暴力を受けた子ども ……………………………………………… 3

1．性暴力とはなにか　*3*
2．性犯罪の定義と課題　*5*
3．子どもへの性暴力の特徴　*6*
4．性暴力の内容　*8*
5．家庭外の性暴力と家庭内の性暴力　*9*
6．潜在化する性暴力　*12*

第2章　性暴力による影響 ……………………………………………… 14

1．性暴力による子どもへの影響　*14*
2．性暴力による周囲への影響　*16*

第3章　性暴力被害を受けた子どもへの支援 …………………………… 19

1．支援の基本姿勢　*19*
2．関係づくりの困難さ　*21*
3．子どもとの関係をつくるために　*25*
4．トラウマインフォームドケア　*28*
5．『マイ ステップ』導入における留意点　*30*

『マイ ステップ』の使い方　Q&A　*32*

Ⅱ　支援の実際

『マイ ステップ』の進めかた　*36*

ステップ**1**　自己紹介をしよう …………………………………………………… *37*

1．自己紹介　*38*

　　ワーク**1**　自己紹介をしよう　*38*

2．心理教育　*39*

3．7つのステップ　*42*

4．リラクセーションスキル　*43*

　　ワーク**2**　リラックスしているのは、どんなとき？　*44*
　　ワーク**3**　リラクセーションをやってみよう　*47*

5．目標づくり　*48*

　　ワーク**4**　目標をたてよう　*48*

ホームワーク　*49*
ステップ1のまとめ　*50*

ステップ**2**　自分のからだは自分だけの大切なもの ………………………*51*

1．境界線のルール　*52*

　　ワーク**1**　自分の「境界線」を探してみよう　*56*
　　ワーク**2**　聞かれたくないこと　*56*
　　ワーク**3**　きまりは守られている？　*57*

2．境界線を通して「暴力」について考える　*57*

　　ワーク**4**　人の境界線を大事にした体験、大事にできなかった体験　*59*
　　ワーク**5**　自分の境界線を大事にしてもらった体験、大事にしてもらえな
　　かった体験　*59*
　　ワーク**6**　守ってもらいたいわたしの境界線　*60*

3．境界線を通して「性暴力」について考える　*60*

　　ワーク**7**　境界線を破ったのはだれ？　*61*

4．本当の同意　**63**

ワーク8　本当の同意はあるかな？　**67**

5．性行動のルール　**67**

ワーク9　性行動のルール　**72**

ステップ2のまとめ　**73**

ステップ**3**　自分のこころの状態を知ろう ……………………………………… **74**

1．安全に自分の感情に向き合う　**75**
2．さまざまな感情の理解　**75**

ワーク1　気持ちイロイロ　**76**
ワーク2　気持ちを感じるとき　**77**
ワーク3　ハートのぬりえ　**78**

3．気持ちの強さ　**79**

ワーク4　気持ちの温度計　**80**

4．感情の表しかた　**81**

ワーク5　気持ちとからだの反応　**81**
ワーク6　気持ちのあらわしかた　**82**

5．性暴力による感情への影響　**82**
6．性被害後の感情の特徴　**85**

ワーク7　怒りの火山　**86**
ワーク8　わたしの本当の気持ち　**87**

7．つらい気持ちをコントロールする　**89**

ワーク9　もやもやスッキリ法　**89**

ホームワーク　**90**
ステップ3のまとめ　**90**

ステップ**4**　からだと行動の変化 ……………………………………… **92**

1．性被害によるからだへの影響　**93**

ワーク1　からだスキャン　**93**

2．行動や生活の変化　**94**

　　ワーク2　以前の生活と今の生活　**96**

3．性暴力によるからだや行動の変化　**97**

　　ワーク3　わたしの危険信号　**99**

4．からだのセルフケア　**102**

5．着地法（グラウンディング）　**103**

　　ワーク4　着地法をマスターしよう　**104**

ホームワーク　**104**

ステップ4のまとめ　**105**

ティーンズ向け：性に関する正しい知識　**106**

　　ティーンズ向けワーク　わたしにとってのセックスのイメージ　**110**

ステップ5　**自分の考えかたに気づこう**　………………………………………………　**111**

1．考えかたに注目する　**112**

2．思考、感情、行動、状況を区別する　**113**

　　ワーク1　考え、気持ち、行動、状況を仕分けしよう　**114**

3．考え−気持ち−行動のつながり　**115**

　　ワーク2　気持ちのちがいを生んだものは？　**116**

4．ポジティブな考えかたとネガティブな考えかた　**116**

　　ワーク3　ポジティブな考えかたとネガティブな考えかた（1）　**118**
　　ワーク4　ポジティブな考えかたとネガティブな考えかた（2）　**121**

5．性暴力による思考への影響　**121**

6．つらい気持ちに対処するための考え　**123**

7．ポジティブなセルフトーク　**124**

　　ワーク5　わたしのセルフトーク　**125**

ホームワーク　**126**

ステップ5のまとめ　**127**

ステップ6　**あなたができること**　………………………………………………　**128**

1．だれかがルールを破ったら？──大人に相談することについて **129**

　　ワーク1 相談するにはどうしたらいい？ **131**

2．気持ちや考えを伝える **132**

3．アサーションのポイント **134**

　　ワーク2 うまく気持ちを伝える言いかた **136**
　　ワーク3 攻撃・言いなり・アサーション **136**
　　ワーク4 言いかたロールプレイ **137**

ホームワーク **138**

ティーンズ向け：親密な関係性と性的境界線 **139**

　　ティーンズ向けワーク からだウォッチング **142**

ホームワーク **142**

　　支援者向けワーク 秘密を打ち明ける負担 **142**

ステップ6のまとめ **143**

ステップ7 これからのわたしのために ……………………………………… **144**

1．性被害からの回復──アユミの場合 **145**

　　ワーク1 どこが変わったかな？ **145**

2．わたしの救急箱 **145**

　　ワーク2 わたしの救急箱 **146**

3．支援ネットワーク──エコ・マップ **147**

　　ワーク3 エコ・マップをつくろう **147**

4．サバイバーになろう **148**

　　ワーク4 これはサバイバーの行動？ **150**
　　ワーク5 最近のわたし **151**

5．なりたい自分の姿をイメージする **151**

　　ワーク6 これからのわたし **153**

6．修了証の作成──アファメーション **154**

引用・参考文献 **157**

I
支援者が知って
おきたいこと

ステップ
1

ステップ
2

ステップ
3

ステップ
4

ステップ
5

ステップ
6

ステップ
7

ゴール

第1章 性暴力を受けた子ども

1 性暴力とはなにか

　性暴力とは、「相手の意に反する一方的な性的言動」のことです。

　本来、性的言動は、子どもの発達段階に応じて自然に現れるものです。人は幼いうちから、自分や他者のからだに興味をもったり、自分の性器を触って心地よく感じたりします。成長に伴って、性的な言葉や表現も増えていきますが、同時に、それを口にするのが適切な場面かどうかも学んでいきます。大人になれば、性的な言葉や行為が、お互いの愛情や絆を深める役割を果たすこともあります。

　一方、相手にとって意に反する性的言動は、人を傷つける暴力になります。自然にみられる年齢相応の性的言動と異なり、性暴力は被害者を混乱させ、子どもの発達にさまざまな悪影響をもたらします。

1）「意に反する」とは

　意に反するとは、具体的にどのようなことでしょう。

　「いやがっている」というのは、比較的わかりやすい状況です。どんな言動であれ、子どもがいやだと感じたのなら、それはいじめや暴力になりえます。たとえ周囲から見たら些細な内容だと思われることでも、当の本人が不快に感じたのであれば不適切な言動といえるでしょう。

　しかし、いやがっていなかったようにみえる場合でも、性暴力が起きていることがあります。子どもが幼かったり、障がいがあったり、アルコールや薬物の影響下にあるとき、拒否的な態度を示せないことがあるからです。どうしていいかわからなかったり、こわくてからだが固まってしまったりする場合も少なくありません。子どもに限らず、人は驚きや恐怖を感じたとき、身がすくんでしまうだけでなく、とっさに相手の顔色を見て、相手を怒らせないように従順な態度をとってしまうものだからです。

　なかには、相手の要求に応じれば自分に関わってもらえる、自分のことを受け入れてもらえると思って、子どものほうが「いいよ」と言う場合もあります。また、のぞきや盗撮といった行為は、そもそも本人が気づいていないので、拒否の意思表示ができません。

そのため、いやがっていなかったようにみえたり、たとえ子どもが進んで始めたことのようにみえたりしたとしても、**子どもが自分の身に起きていることの判断ができない年齢や発達段階、あるいは眠っているなどなにが起きているかわからない状況**であれば、いずれも性暴力となります。

2）逃げにくい性暴力

性暴力を受けたとき、その場から逃げられなかったり、断れなかったり、あるいは相手の要求に素直に従ってしまったりすることもよくあります。あとから周囲に「どうして逃げなかったの」「なぜついていったの」「いやだったら、いやと言えばいいでしょう」などと責められることもありますが、自分では避けられない状況がほとんどです。加害者は、「相手も応じたのだから、同意のうえでの行為であって性暴力ではない」「子どものほうもいやがっていなかった」など、自分の行為を正当化しようとします。

しかし、境界線（バウンダリー）（ステップ 2 参照）を侵害されたとき、驚きや恐怖のあまりからだが動かず、声も出せなくなってしまうのは、人として当然の反応です。また、相手が知り合いや関わりのある人ならば、よりいっそう逃げにくく、相手に従わざるをえない状況になるでしょう。

このように、**被害者が抵抗できないような手段や状況でなされた性的言動**は、性暴力にほかなりません。

3）「本当の同意」とはなにか

成長に伴い、子どもが自分の意思で性行動をとることも増えていきます。思春期の子ども同士では、双方が望んで性行為に至ることもあるでしょう。お互いに「本当の同意」があるならば、性行為自体は法律的に問われるものではありません（次節 2 参照）。

しかし、**本当の同意**のためには、ふたりとも性行為の意味や起こりうる結果、トラブルが起きたときの対処法などを理解している必要があります。自分の性行動について責任ある判断を下すためには、性に関する正しい情報や知識が不可欠です。対人スキルや問題解決スキル、社会的資源を活用できる能力や経験も求められます。また、最初は双方の同意にもとづく性行為であったとしても、一度「いいよ」と応じてしまったために、その後、断りにくい状況に置かれてしまったり、デート DV（デートレイプ）やリベンジポルノといった性暴力に転じたりすることもあります。

本当の同意があるかどうかは、**子どもの意思や権利が尊重されているか**といった観点から、加害者との関係性における権力（パワー）の差を考慮して慎重に判断されるべきです。一見、子ども同士の性的遊びや同意のある性行為にみえても、子どもの脆弱性が悪用され、本当の同意が成り立たない場合には、それは性暴力とみなされます。

性暴力の定義について理解し、子どもへの性暴力を見逃さないことが大切です。

❷ 性犯罪の定義と課題

　さまざまな性暴力のうち、「児童虐待の防止等に関する法律」（以下、児童虐待防止法）や刑法によって、子どもへのわいせつ行為は、性的虐待あるいは性犯罪とみなされることがあります。このほか、児童ポルノやインターネットの使用に関する法律や、地方自治体で制定された青少年保護などの条例などによって、違法・違反行為となるものがあります。また、教員による児童や生徒への性暴力を禁じるものとして、「教育職員等による子どもへの児童生徒性暴力等の防止等に関する法律」もあります。

1）性犯罪の定義

　児童虐待防止法では、監護をおこなう保護者により18歳未満の子どもにわいせつな行為をしたり、させたりすることを性的虐待と定義づけています。

　また、刑法では、性的同意年齢に満たない子どもに対する性的行為は、暴行や脅迫がなかったとしても性犯罪になりえます。性的同意年齢は、長く13歳とされてきましたが、2023年6月の刑法改正において16歳に引き上げられ、強制性交等罪が「不同意性交等罪」に改められました。被害者が13歳から15歳の場合、被害者より5歳以上の年長者が行為者であれば処罰の対象になります。従来、性犯罪には「暴行・脅迫」の要件がありましたが、たとえ暴行や脅迫がなかったとしても、恐怖で身がすくんでしまったり、加害者との関係性から抵抗できなかったりするものなので、「同意がない」わいせつな行為や性交等が処罰されることになりました。「同意がない」というのは、具体的に次の8つの要件が挙げられています。

不同意性交等罪における同意がない要件（改正された刑法から）

① 暴行・脅迫、又はこれらを受けたことによる影響があること

② 精神的、身体的な障害を生じさせること

③ アルコールや薬物を摂取させること

④ 眠っているなど、意識がはっきりしていない状態であること

⑤ 被害者が急に襲われる場合なども想定し、同意しない意思を形成等するいとまをあたえないこと

⑥ 被害に直面して凍りつきの心理状態になることを想定し、恐怖驚がくさせていること

⑦ 虐待による心理的反応があること

⑧ 教師と生徒、上司と部下など、経済的・社会的関係の地位に基づく影響力で受ける不利益を憂慮させていること

子どもへの性的なグルーミング（後述）や盗撮などの一方的な撮影に対する罪も新設されました。

２）法的な定義の課題

　刑法改正にみられるように、法的な定義でも、同意が重視されるようになってきました。性被害を受けたときの心身の反応や加害者との力関係が考慮された現実的な定義といえます。とはいえ、16歳になった子どもがすべて、性的な同意を示せる判断力をもち、身を守る行動がとれるわけではありません。じゅうぶんな判断力や行動力を身につけるためには、幼少期から年齢に応じた包括的性教育によって性についての知識をもち、対人関係スキルや問題解決スキルを獲得していく必要があります。

　また、障がいのある子どもをはじめ、家庭や地域で安全な居場所がない子どもは、性暴力を受けるリスクが高いといえます。「本当の同意」の判断がむずかしい子どもの能力や特性に合わせた具体的な教育やケア、法的な保護が求められます。家庭での性的虐待や学校の教員からの性暴力よりも、地域で起こった性暴力は、虐待や犯罪被害とみなされにくく、社会全体の認識や体制を変えていく必要もあるでしょう。

　子どもの性被害のうち、性犯罪に該当するものは一部ですし、犯罪として立件される被害はさらに限られます。犯罪に該当するかどうかにかかわらず、より広く「性暴力」を受けた子どもを支援していく姿勢が求められます。

③　子どもへの性暴力の特徴

　子どもに対する性暴力の多くは、子どもの脆弱性を悪用したものです。子どもは大人に比べて圧倒的に無力な存在であり、生きるために大人に依存せざるをえません。生活範囲や人間関係が狭く、知識や理解力も限られており、自己主張の力や対処スキルも未熟です。とりわけ性に関する知識や安全スキルは、家庭や学校でじゅうぶんに教えられているわけではありません。いくら「知らない人についていってはいけません」と教えられている子どもでも、腕やからだをつかまれてしまえば逃げることはできません。また、巧みに接近してくる性犯罪者や、遊びを装って近づいてくる年上の子どもから声をかけられ、少しでも言葉を交わしたり遊んだりしたあとは、子どもは警戒心を解いて相手についていってしまいます。

　さらに子どもは、人を信じる無垢さや、遊びや刺激を求める好奇心をもっています。また、ふだんから大人の言うことを聞くようにしつけられています。「つらいことがあっても、がまんしなければならない」と教えられている子どももいるでしょう。

１）子どもであることの脆弱性

　発達の途上である子どもの未熟さや純粋さは、まさに子どもらしい魅力といえますが、

被害を受けやすい脆弱性でもあります。たとえ相手が知らない人であったとしても、しばらく子どものそばにいて遊んでくれた人は、子どもにとって「知らない人」ではなくなります。以前からの知り合いであればなおさら、子どもは相手を疑うことなくついていくでしょう。好きな人、信用している人、お世話になっている人の要求を断ることは、大人であってもむずかしいことです。子どもにとっては、なおさら困難だといえます。

２）加害者は身近な人物が多い

性暴力をふるう人の年齢や性別はさまざまです。成人だけでなく、子どもが性暴力をおこなうこともあります。とくに、学校や施設といった子ども集団のなかでは、子ども同士の性暴力は少なくありません。異性の子どもからの性暴力もありますし、性的ないじめのように、同性の集団によってふるわれる性暴力も男女問わずあります。

一般的に、性暴力をふるう人は被害者が知っている相手であり、親戚や家族、同じ学校や地域の子ども、コーチや教師など、子どもの身近な存在であることが多いといわれています。女の子や女性が加害者であることもあります。

いずれにせよ、加害をする側は、被害者である子どもの脆弱性を利用しています。たとえ子ども同士であっても、幼さや障がいによってなにをされたのかわからない子どもや、「だれにも言わなさそう」で「抵抗できなさそう」な子どもを選んだり、自分に対する信用（「知り合いだから大丈夫」「遊んでくれる」「いつもお世話になっているし悪いことをするわけがない」など）を悪用するのです。加害者が成人の場合は、寂しさや居場所のなさを感じている子どもや、自暴自棄になっている子どもに巧みに近づきます。あからさまな暴行や脅迫を用いなかったとしても、大人と子どものあいだには圧倒的な力の差があるので、本当の同意など成り立つはずがありません。

３）加害者のグルーミング（手なずけ行動）

加害者が身体的暴力や脅迫を用いて性暴力をふるう場合もありますが、ほとんどの場合、好意的な関心や優しさを装いながら子どもに接近し、子どもの求めるもの（関心や承認、称賛や金銭など）を与えて、性暴力に至ります。こうした加害者の手段は**グルーミング（手なずけ行動）**といわれ、非常に巧妙に用いられます。

一見すると子どものほうから危険に近づいたようにみえることから、「どうして、ついていったの！」「なんで、そんなことをしたの！」などと子どもの落ち度や責任が追求されがちです。本来、問われるべきは、子どもを利用して搾取した加害者の行動です。それにもかかわらず、被害を受けた子どものほうが叱られたり非難されたりする二次被害は、非常に多く起きています。

グルーミングの例

- **遊びや世話のふり**：風呂に入れる、着替えを手伝う、プロレスごっこやお医者さんごっこをしながら、子どものからだを触ったり、自分の性器を触らせたりする
- **教育や指導に乗じて**：「特別に教えてあげる」と言って二人きりになったり、指導のふりをしながらからだに触れる
- **子どものニーズを満たす**：子どもに関心を向け、関わったりほめたりして、子どもが必要としているものを与えて、信用させたり、断りにくくさせる

※引用　野坂祐子・浅野恭子（2022）性をはぐくむ親子の対話：この子がおとなになるまでに．日本評論社．pp.100-101

4）どの子どもも性被害にあう可能性がある

　女の子だけではなく男の子も性暴力の被害にあいます。新生児からティーンズまで、年齢を問わずどんな子どもも性暴力の対象になりえます。男の子の性被害は、「そんなことは起こらない」「遊びのようなもの」「本人も気にしていないだろう」と見逃されたり、軽視されたりしやすいものです。しかし、それゆえに性被害を受けた男の子は、身に起きたことに混乱し、傷つきや怒りをだれにも伝えられないまま、苦痛をかかえこんでしまいがちです。自分の性的アイデンティティや性的関心にまつわるセクシュアリティが混乱することもあります。また、セクシュアルマイノリティの子どもも、性的ないじめなどの性暴力を受けやすいものの、大人に性被害だと認識してもらいにくかったり、状況を説明するのにセクシュアリティをカミングアウトしなければならなかったりすることへの抵抗感から、よりいっそう性被害について打ち明けにくくなります。

　繁華街や夜間など、危険そうな場所だから起こるというものではなく、子どもが生活するどんな場所や時間帯でも性暴力は起こりえます。実際に性暴力が起こるのは、通学路や学校内、自宅周辺など、子どもが日常生活を送っている場所がほとんどです。家庭や里親宅、施設内で起こることもあります。

④　性暴力の内容

　性暴力の内容はさまざまです。からだに直接触れる「接触型」の性暴力としては、死の恐怖や身体的な外傷を伴うような暴力性の高いレイプ（不同意性交）、強制的かつ一方的な不同意わいせつ、相手が抵抗しにくい状況での痴漢行為などがあります。

　からだに直接触れない「非接触型」の性暴力には、性器を露出して見せる行為や、着替えや入浴中ののぞき、下着盗、また最近では盗撮やネット上での誹謗中傷・写真の公開などがあり、なかには被害者がまったく気づいていない場合もあります。

1）トラウマとしての性暴力

　客観的な被害の深刻さ（恐怖や苦痛を伴い、膣や肛門への挿入といった侵襲性が高い行為）は、子どもの傷つきを理解するうえでひとつの重要な指標になりますが、**子ども自身がそのできごとをどう感じたのかという主観的な体験に着目することが重要です**。侵襲性の高さだけでなく、子ども自身がどれほど不安や恐怖、混乱や屈辱感、裏切り、自責の念を感じたのかという主観的な体験が、性暴力の深刻さを示すのです。

　こうした深い傷つきは、「こころのケガ」ともいえる**トラウマ（心的外傷）**になることがあります。被害後に適切なケアやサポートがなければ、性暴力はトラウマになりやすいといわれています。

2）年齢不相応な性刺激

　子どもの場合、年齢不相応な性刺激にさらされることもトラウマとなりえます。インターネットや雑誌、アニメ、TV 番組の性的なコンテンツ（ポルノ画像や動画、出会い系サイトなどの SNS）や、家庭におけるドメスティックバイオレンス（DV）や性行為の目撃などの性的境界線（バウンダリー）の欠如は、子どもにとって混乱をきたすほどの強い刺激となり、のちに性問題行動を出現させる原因となる場合もあります。

3）インターネットを介した性暴力

　幼いうちからインターネットやスマホといった通信機器に触れている現代の子どもにとって、SNS を介した性被害も身近なものになっています。SNS で性的な文章や画像を送るセクスティング（sex + texting）は、興味本位で始めたものがエスカレートして、同意のない性的な会話や画像の共有に巻き込まれたり、裸や性器の「自撮り」写真を要求されてトラブルになったりすることもあります。SNS でも加害者のグルーミングによって、子どもは「みんなもやっている」「送らないと相手にきらわれてしまうかも」「一度だけなら、まぁいいか」などと思ってしまうのです。写真をふたりの秘密にしてくれる、自分を称賛してくれる、芸能界やモデル事務所に紹介してもらえる……など、子どもの歓心を引くような加害者の言動にウソがあれば、「本当の同意」は成り立ちません。これは、**セクストーション**（sex + extortion：性的ゆすり）と呼ばれる性暴力です。

　最初はネット上での関わりだけだったのが、相手から呼び出されて性暴力を受けたり、居場所をつきとめられてつきまとわれたりするといった事件も起こっています。

⑤　家庭外の性暴力と家庭内の性暴力

　性暴力が起こる場所や加害者との関係性でいうと、性暴力を家庭外で起こったものと家庭内で起こったものに分けられ、それぞれ異なる特徴や被害者への影響があります。

1）家庭外の性暴力

　家庭外での性暴力の多くは、学校や塾、公園や通学路といった子どもの身近な生活圏で起こります。加害者は、知り合い（遊んでくれる年長児や顔見知りの人）が多く、子どもが信頼を寄せている人や、お世話になっている大人もいます。まったく面識のない年長児や大人が加害者である場合もあります。

　面識のない加害者の場合、被害は一度きりのことが多く（加害者は常習的にほかの子どもにも性暴力をふるっているかもしれませんが）、強制わいせつ被害として警察に届け出たとしても、犯人がつかまらないこともあります。

　一方、顔見知りの人による性被害の場合、一度被害にあうと何度もねらわれやすくなるようです。しかし、性被害を受けた子どもが「まさか、あの人が」ととまどったり、相手からの報復を怖れたりして、だれかに打ち明けたり、被害届を出したりすることがなかなかできません。被害を打ち明けられた大人（親、里親、施設職員や教員等）も、加害者が自分の関係者だった場合、子どもに「忘れなさい」と言ったり、相手との示談で収めようとしたりすることがあります。子どもの身近にいる人も、性暴力を追及することによって自分の生活になんらかの影響が及ぶのを躊躇してしまうからです。もちろんなかには、保護者が子どもを守ろうとして、あるいは保護者自身の怒りや「許せない」という思いのために、訴訟を起こす場合もあります。

　ですが、このように大人の耳に届く性被害は、ごくわずかなケースにとどまります。ほとんどの子どもが、家庭外で起きた性暴力について、だれにも言えずにいるからです。子どもが急に、外出をいやがるようになったり、加害者のいる塾や習いごと、学校に行き渋ったりしても、身近な大人は「子どもがサボろうとしている」と誤解して、子どもに理由を聞かぬまま無理やり通わせようとすることはめずらしくありません。それによって、子どもはさらに心身の不調をきたしてしまいます。

2）家庭内の性暴力

　家庭内の性暴力の場合はどうでしょう。主に、保護者や親戚（祖父母やおじ・おば、いとこなど）、きょうだいが加害者であることが多く、たいていは家の中（寝室、子ども部屋、風呂、トイレなど）で性暴力が起こります。子どもが非常に幼いときから始まることもあれば、思春期に入る頃から起こることもあります。こうした家庭内の性暴力の一部は、性的虐待とみなされます。

　家庭内の性暴力は、加害者が子どもにとって愛着（アタッチメント）の対象であり、愛情と関心、世話を求めている相手であるのが大きな特徴です。実際、こうした加害者の多くは、**子どもに関わり、世話をしながら、性暴力をふるいます。**幼い子どもにとって、関心を向けてもらい、世話をしてもらうことは、生きるうえでの「命綱」です。そして、人生で最初に学ぶ「人間関係」でもあります。

愛着の対象である相手から、自分の性器を触られたり、相手の性器を触らされたりしても、子どもにとってそれはどうしようもないことで、あたりまえのことだとすら思わされます。「お父さんは、おまえが大好きだよ」と言われれば、どんな子どもも誇らしく、幸せに感じます。そうした言葉に続いて発せられる「これは、ふたりだけの秘密だからね」「みんなしていることだよ」といったセリフを疑うことなど、幼い子どもにできるわけがありません。たとえ、「いやだな」「おかしいな」と思っても、自分の好きな相手に喜んでもらえるならしかたがないと納得してしまうこともあります。

加害者は、こうした子どもの心理を巧みに利用して、子どもを喜ばせたり、子どもの同情を誘ったりして（「お父さんもつらいんだよ、こうしているときが一番幸せなんだ……」など）、性的な行為に至ろうとするのです。また、年上のきょうだい（兄や姉）からの要求に逆らえず、言いなりにさせられることもあります。子ども同士とはいえ、年齢差があり、ふだんから親に「兄（姉）の言うことを聞きなさい」と言われている年下の子どもの立場は、とても弱いものだからです。親に対する思いと同様に、子どもは年上のきょうだいを慕っており、性暴力さえふるわなければ一緒にいたいと思っています。そのため、きょうだいからの性暴力に抵抗したり、兄や姉の行為を大人に打ち明けたりするのは簡単ではありません。

3）家庭内の性暴力の特殊性

家庭では、親が子どもの面倒をみるのは当然ですし、きょうだいだけで留守番をさせられる機会も少なくないため、加害者と子どもがふたりきりになる状況が多く、性暴力が長年にわたって繰り返されることが少なくありません。そのため、行為の内容が次第にエスカレートしていき、暴力的な行為を伴うようになることもあります。そうなると、恐怖と絶望感に打ちのめされた子どもは、ますます抵抗できなくなります。

また、いつ性暴力をふるわれるかわからない緊張感にさらされ続けるくらいなら、「早くすませてしまったほうが楽」と考えて、自分から加害者に対して性的な行為をとろうとする子どももいます。**わずかでも、自分でコントロールできる部分を見つけることで、無力感を軽減させようとするため**です。しかし結局、加害者や周囲の人たちから「おまえが求めたんだろう」と言われ、子どもは「たしかに、わたしのせいだ」とさらに自責感を強めてしまいます。

さらに、家庭内で起きた性暴力が明らかになったときも、被害者である子どもは苦境に立たされます。家族が加害者の側につき、だれも味方になってくれないばかりか、まるでその子どもが家族をバラバラにしたかのように責任を押しつけられることがあるからです。

きょうだい間の性暴力の場合、それを知った家族が「家の中でのことだから、たいしたことではない」とか「注意しておけば問題ない」と事態を甘くみたり、被害者である子どものほうに「黙っていなさい」「忘れなさい」と言ってしまったりすることがあります。家族にとっては、加害児も被害児もどちらも大事な子どもであり、どう事態を受けとめる

べきかわからないのです。また、兄や姉への期待が高く、「まさか、そんなことをする子ではない」とか「受験前の大切な時期なのだから……」と年上のきょうだいをかばってしまうこともあります。

　家族に守ってもらえなかったと感じた子どもは、いつまでも安全な場所を手に入れることができず、重篤な精神症状や対人関係上の問題をかかえる例が少なくありません。

４）世代をこえて続く性暴力

　とりわけ家庭内での性暴力において、身内での性暴力が世代をこえて続いていることがあります。例えば、「父親から娘（母親から息子）」あるいは「兄から妹（姉から弟）」への性暴力が発覚した際、家族それぞれから話を聴くと、母親（父親）も子ども時代に家族から性被害を受けており、祖父母世代も DV やアルコール依存症の問題をかかえている（さらに、その背景には戦争によるトラウマ体験がある）など、暴力やトラウマの連鎖がみられることが少なくありません。この場合、娘や妹（息子や弟）の立場である子どもが「被害者」であるのは言うまでもありませんが、加害者である父や兄（母や姉）も虐待の被害者だといえます。

　親は「わが子を自分と同じ目にあわせてしまった」ことに深いショックと自責感をいだくかもしれません。同時に、それまで考えないようにしてきた親自身のトラウマを思い出して、思うように子どもの世話ができなくなることもあるでしょう。加害者である家族への接し方にも悩むはずです。家族だけでは解決できない大きな問題に直面しながらも、長年にわたる身内の問題を明らかにし、取り組んでいくことは非常に勇気のいることですし、困難なものです。しかし、**こうした家族がかかえるさまざまな暴力や支配、トラウマティックな関係性のパターン（再演）に介入しない限り、解決の糸口が見つからないこともあります。**

　支援者としては、深刻なトラウマの現実に圧倒されそうになるかもしれませんが、他機関との連携や支援者同士のつながりを築きながら、性被害を受けた子どもがケアを受けられるように、暴力に関与していない親（非加害親）へ性暴力やトラウマに関する心理教育をおこないます。加害行為をした親やきょうだいも治療教育を受ける機会がもてるとよいでしょう。子どもへの性暴力について、家族システムの観点から理解していく視点も大切です。

⑥ 潜在化する性暴力

　さまざまな調査から、性暴力の被害体験をもつ子どもの数はとても多いことが明らかになりつつあります。それでも、調査で「被害を受けた」と答えられない子どももいるでしょう。思い出したくないようなつらい体験について、見知らぬ調査者から聞かれることへの抵抗感や負担があるのももっともです。そんなことがあったと答えるだけで、自分が

周囲からどう思われるかわからないという不安や恐怖を感じることもあるかもしれません。そのため、子どもの性被害の実態を明らかにすることはむずかしく、把握されていない暗数が多いと考えられます。

　子ども自身、自分の身に起きたできごとを性暴力とは捉えていないこともあります。残念ながら、社会のなかでいじめや差別、性的な暴力は、頻繁に起きています。そうした暴力が身近にあふれ、他者の性の権利を侵害する行為が日常的に起きていればいるほど、子どもはそれをあたりまえのことと認識します。そのため、自分が性被害を受けたということ自体を自覚できない子どもも少なくありません。

　たとえ、子どもが自分の身に起きたことを「なにかおかしい」とか「いやだ」と感じたとしても、周囲の大人がきちんと取り合わず、子どもの話を聞かない場合もあります。大人もまた、身近なところで性暴力が起きたという事実をにわかに信じがたく、受けとめられないことがあるからです。驚いたり、事実に打ちのめされたりして、子どもにうまく対応できないこともあるでしょう。

　ですが、せっかく打ち明けた話を大人に聞き流された、あるいは打ち明けたことで大人を困らせてしまったと感じた子どもは、それ以上、話さなくなってしまいます。性被害をだれかに訴えるのをあきらめてしまうのです。あまつさえ話を聞いた大人が、被害を受けた子どもを「あなたが逃げなかったのが悪い」と叱責したり、「もう忘れなさい」と沈黙を強いたりしてしまうと、**子どもは自分の身に起きたことを「自分がいけない」「人に言えないような恥ずかしい（口にしてはいけない）ことなのだ」と捉えるようになります。**そして、自分を責め続け、恥の気持ちをいだき続けてしまうのです。

　子どもがどんな性被害体験をもっているかは、子どもが打ち明けてくれない限り、わからないことがほとんどです。また、子どもが打ち明ける場合も、一見関係がないようなさりげない話から始めることが多いので、注意深く話を聴く姿勢が求められます。

第2章 性暴力による影響

1 性暴力による子どもへの影響

年齢不相応な性的体験や性暴力被害は、子どもに大きな影響を及ぼします。

幼い子どもの場合、身に起きたことがよくわからず、「なんとなくおかしい」「変な感じ」という不安感や違和感を覚えて、一時的に情緒不安定となったり、落ち着かない様子がみられたりすることがあります。痛みや恐怖を感じるような被害であれば、夜尿や夜驚といった反応が表れたり、保護者へのまとわりつきや外出をこわがるといった退行や回避の症状が生じたりします。

また、できごとの意味がわからず、被害後には目立った変化が見られなくても、思春期以降になって「あれは性的な行為だったのだ」とわかったときに、怒りや罪悪感、自分が汚された感覚などが高まることがあります。しばしば、思春期以降に見られる非行や自傷行為などの背景に、幼少期の性被害が影響している場合があります。

一般的に、性暴力を受けたあとに見られやすい子どもの反応や症状としては、次のようなものがあります。

心理面：不安、恐怖、混乱、自責感、絶望感、恥辱感、自己否定感、孤立無援感、他者不信、自己不信、無力感、抑うつ、解離症状、感情麻痺、怒り、感情のコントロール不全、PTSD 症状など

身体面：性器や身体のケガ、またはそれに伴う後遺症、不眠、身体的な不調、性感染症、妊娠など

行動面：過剰警戒、落ち着きのなさ、退行、衝動的・攻撃的な行動、自傷行為、強迫的な性行動、依存行動（薬物やセックスへの依存）など

生活面：昼夜逆転、不登校・中退、集中力低下、学業不振、学校生活での不適応、人間関係の問題、通院や転居に伴う負担、家族の葛藤や不和など

1）性暴力による影響の個人差

性暴力による影響の表れかたは、子どもそれぞれで異なり、個人差が大きいものです。

影響の表れかたに関連する要因には、まず**性暴力の深刻さの程度**があります。膣や肛門、口腔に性器や物を挿入されることは、心身ともに侵襲性の高い行為であり、被害者の痛みや恐怖はより大きくなります。あるいは、子どもの主観的な感覚、つまり子どもが「こわい」「なにをされるかわからない」「逃げられない」といった思いをしたならば、客観的に見たときの危険性がどうであれ、子どもにとって、それは圧倒され、強い無力感を覚える体験になります。

こうした影響の大きさは、子どもの**レジリエンス（回復力）**によっても左右されます。過去にもなんらかの被害体験があったり、別のストレスにもさらされていたりすると、子どものレジリエンスは低くなり、自然に回復しにくくなります。

また、被害後に**適切なサポート**が受けられたかどうかも重要なポイントです。たとえ深刻な性暴力を受けたとしても、早期に適切な手当てをされれば、安心感や安全感を取り戻しやすくなります。一方、客観的には軽度の被害内容だったとしても、子どもがだれにも助けを求められなかったり、子どものほうが責められたりした場合、子どもの反応や症状は悪化してしまいます。

このように、性暴力によって受ける影響は、できごとそのものの深刻さに加えて、子ども自身の状態や被害後の対応の有無によって異なります。

2）トラウマ反応

性暴力は、子どもにとってストレスとなるだけでなく、長期的な影響をもたらすトラウマ（心的外傷）になることがあります。子どもの場合、年齢不相応な性的体験もトラウマになります。事件や災害を含むさまざまな危機体験のうち、性暴力はトラウマになりやすい体験であることが知られています。こうしたトラウマ後にみられる症状を**トラウマ反応**といいます。

トラウマは「こころのケガ」ともいわれるように、身体的な外傷が治ったあとでも、心理面の苦痛や症状が続くのが特徴です。トラウマ体験後の症状であるPTSD（心的外傷後ストレス障害）には、次のようなものがあります（米国精神医学会, 2014）。

侵入症状：フラッシュバックや悪夢のかたちでトラウマ記憶がよみがえり、精神的な苦痛やさまざまな身体症状が引き起こされる

回避症状：トラウマ記憶を思い出すような人や場所、機会などを避け、そのことを考えないようにする

認知や気分の異常：トラウマ体験を思い出せなかったり、長く自分や他者を責め続け

たり、楽しみや興味を失ってしまう。恐怖や戦慄、罪悪感や恥辱感が長く続いたり、孤立感をいだく

覚醒や反応性の異常：些細なことでも過剰に警戒し、不眠や自暴自棄になる

② 性暴力による周囲への影響

　性暴力によって影響を受けるのは、子どもだけではありません。子どもの身近にいる人たちも、子どもが被害を受けたことを知って大きなショックを受けます。例えば、親やきょうだい、里親、施設の職員や学校の教員などは、被害を受けた子どもと同様に、ショックや混乱、怒りや悲しみの気持ちをいだき、生活面での影響もこうむるため**間接的被害者**と呼ばれます。

１）間接的被害者の反応
間接的被害者である親や施設職員、教員などには、次のような反応がよくみられます。

驚　き：「まさか、そんなことが起こるなんて信じられない」「ショック」

怒　り：「（加害者を）許せない」「なんてひどいことをするんだ」
　　　　「逃げなかった（すぐに打ち明けなかった）子どもが悪い」

自責感：「子どもを守れなかった」「気づかなくて、子どもに申し訳ない」
　　　　「親（教職員）失格だ」「わたしのせいでこんなことが起きたのかもしれない」

否認・最小化：「子どものウソや勘違いだろう」「大げさに言っているだけだ」
　　　　「それほどたいしたことではないだろう」「注意して叱れば大丈夫」

　衝撃的なできごとであればあるほど、だれでも事実をにわかに信じられず、すぐには受けとめられないものです。そして、これまでの平穏な生活を維持させたいというこころの働きから、できごとをなかったことにして、こころの安定を図ろうとします。ショックが大きいほど、こうした否認や最小化の心理は強まる傾向があります。

　また、被害を受けた子どもと同じように感情麻痺が生じて、自分の気持ちがよくわからなくなったり、子どもに共感的に関われなくなったりします。あとになって、そうした自分が「冷たい人間」だとか、「親（職員・教員）としてあるまじき態度」だと思い、強い自責感をいだくこともあります。

２）家庭内で性暴力が起きたとき
　性暴力が家族内で起きた場合、非加害親のショックは、加害者が家族外の人だったときよりも大きくなるでしょう。夫（妻）が性的虐待をしていたと知った妻（夫）は、相手の

すべてが信じられなくなり、それまで寄せていた相手への信頼感も、家族の生活も未来も、すべて崩されるような絶望的な気持ちになります。夫婦や家族のよい思い出も失われます。今後の生活をどうすればいいのか途方にくれてしまうのも、無理はありません。

　あるいは、きょうだい間の性暴力のように、親にとってわが子が「被害者」であり、かつ「加害者」である場合、親はどちらを守るべきなのか迷い、「どちらも大事」という思いから立ちすくんでしまいます。加害をしたきょうだいに怒りや不信感を向けながら、同時に、被害を受けたきょうだいに「どうしてすぐに言わなかったの！」などと責めてしまうこともあります。「自分の育てかたがいけなかったのだ」と自責感をいだいたり、子育てに対する自信を喪失したりしてしまう親もいます。

3）きょうだいへの影響

　被害者のきょうだい（非加害きょうだい）も、間接的被害者といえます。家族のだれかが性被害を受けたと知らされたとき、あるいは詳細を教えられなくても「なにかあったらしい」と察したとき、もし家族の関係性が良好で、きょうだいがある程度の年齢に達していたなら、被害を受けたきょうだいの心情を 慮 り、子どもなりのサポートをしようとするかもしれません。

　しかし、ネガティブな反応を示すきょうだいもいます。

不安・怒り：「なんでそんなことを言うの」「噂になったら迷惑だ」
　　　　　　　　「家族や生活はどうなるんだろう」

嫉妬・不満：「自分ばかり注目してもらえてずるい」
　　　　　　　　「あなたのせいで、わたしは放っておかれている」

否　　認：「そんなことあるわけない」
　　　　　　　「気を引こうとしてウソを言っているんじゃないか」

　きょうだいの性被害が明らかになったのをきっかけに、転居や転校を余儀なくされたり、親が被害を受けた子どものケアに追われたりして、今までの生活が一変してしまうこともあります。気持ちのうえではきょうだいのことを大事に思っていても、間接的被害者であるきょうだいが、向けどころのない腹立たしさや理不尽な思いをいだくのは当然です。

　実際に、噂話や報道によって、家族も学校や地域での生活に支障が出ることもあります。このようにきょうだいも間接的にさまざまな被害を受けることになるのです。

4）間接的被害者へのケア

　親、里親、施設職員や教員は、間接的被害者として傷つきながらも、子どもを支えるべき立場にある大人です。子どもをサポートできるようになるために、大人もケアを受ける必要があります。**被害を受けた子どもが、家庭や施設などで安心して暮らせるようにする**

には、間接的被害者である大人への支援が不可欠です。

　また、被害を受けた子どもには、身近な大人が動揺し、ときに子どもに対して拒否的な態度をとったとしても、それは大人自身の反応であって、子どものせいではないと伝えましょう。大人もまた、過去に性的なトラウマがあったり、DVなど夫婦間で問題をかかえていたりするかもしれません。子どもの性被害がトリガーとなって、大人自身がうまく対処できなくなることもあります（トリガーについては、ステップ3参照）。

性暴力被害を受けた子どもへの支援

第3章

❶ 支援の基本姿勢

　専門家ではなくとも、子どもの身近にいる大人ができる支援はたくさんあります。**身近な大人が子どもをサポートすることが、子どもの回復のもっとも大きな支えになります。**もちろん、カウンセラーなどの支援者も同様です。支援の基本姿勢を大切にしながら、それぞれの立場でできることをしていきましょう。

1）性暴力についての正しい理解

　子どもへの支援の第一歩は、大人が性暴力について正しく理解し、子どもへの性暴力は決してめずらしいことではないこと、年齢や性別を問わず起こりうることだと知り、子どもの訴えを信じることです。

　前章で述べたように、子どもの性被害に対し、大人は否認や最小化をしてしまいがちです。そのため、まずは、性暴力が実際に起きていることであり、その影響は子どもの発達や育ちに影響を及ぼしうるという現実を大人が理解しなければなりません。

2）子どもの話をよく聴く

　子どもが「なにかおかしい」とか「いやだ」と感じたことをじゅうぶんに受けとめ、子どもの話を信じてよく聴くことが大切です。子どもは躊躇しながらも、やっとの思いで打ち明けたのかもしれません。「よく話してくれたね」と子どもをほめて、詳細を確認するよりもまずは子どもの気持ちに耳を傾けましょう。子どもの不安や混乱を受けとめながら、性暴力について「あなたは悪くない」「どんな状況でもいけないことをした相手が悪い」と伝えることで、子どもの安心感や安全感を高めることができます。

　子どもの話を否定したり、疑ったりしてはならないのはもちろんですが、安易な励ましや同情を寄せることも、子どもの自尊心を傷つけます。話を聞いた大人のほうが激怒したり、ショックのあまり泣き出してしまったりすると、子どもは「大人を傷つけてしまった」とか「困らせてしまった」と感じ、大人を気遣うようになってしまいます。子どもの安心感を高める声かけが求められます。

子どもに伝えてあげたい言葉

「話してくれてよかった」

「話してくれてありがとう」

「あなたの話を信じるよ」

「あなたのせいじゃないよ」

「あなたはひとりじゃないよ、そばにいるからね」

子どもを不安にさせる言葉

「まさか、ウソでしょう。信じられない」

「あなたがなにかしたんじゃないの？」

「気のせいじゃないの？」

「もう忘れて、先に進まなくちゃ」

「あなたの気持ちはわかるよ」

「かわいそうに」

「あなたにそんなことをしたやつは、絶対に許せない！」

3）心理教育をおこなう

　性被害を受けたことで、子どもの気持ちが不安定になったり、体調や生活がみだれたりすることがあります。子ども自身が自分の状態を自覚し、適切な対処方法を学ぶことで、子どもは再び自信を取り戻すことができるでしょう。そのため、**性暴力が子どもの心身に及ぼす影響について説明し、子どもと一緒に状態を確認しながら対処法を考える心理教育**が有効です。

　心理"教育"というと、「なにか教えなければ」「子どもにわからせなければ」といった指導が思い浮かぶかもしれませんが、心理教育は教え込むものではありません。子ども自身が気持ちや考え、体調や行動に気づけるようにサポートするものです。性暴力とはなんなのかを教えられておらず、それによってどんな影響が生じるのか知らない子どもは、自分がおかしくなったのではないかと思ってしまいます。「なにが起きたのか」そして「自分になにが起きているのか」を理解するために、支援者と一緒に話し合いながら考えていくことが大切です。

　性暴力は、子どもの安心、安全、自信を失わせるものです。性暴力からの回復では、子どもが再び安心感を取り戻し、安全のためのスキルを身につけ、前向きによい選択をしていける自分自身に自信をもつことをめざしていきます。心理教育は、そうした安心・安全

な体験を重ね、子どもが自己コントロール感を高めるためのガイドとなるものです。

4）子どもとの関係づくり

　性暴力被害を受けた子どものケアでもっとも大切なのは、子どもとの関係づくりです。ラポール（信頼関係）を築くことは、あらゆる支援の基盤となります。支援者に信頼を寄せ、安心を感じられる関係性のなかでこそ、子どもは自分の気持ちや過去の経験に向き合うことができるからです。いくら回復に効果的といわれる取り組みをしても、子どものこころが閉ざされたままではまったく意味がありません。むしろ、支援者が一方的に進めていく治療に対して、子どもはさらに無力感を強めたり、反発の気持ちを覚えたりするでしょう。

　対人暴力によるトラウマは、子どもに恐怖や不信感を与え、強い無力感をもたらします。そのため、子どもがよくわからないままの状態で、支援者が支援プランを進めたり、子どもが意見を言いにくい状況があったりすると、支援者の意図や熱意にかかわらず、子どもにとってそれはまさに被害時と同じような状況だと感じられてしまいます。「あなたのため」とか「これに取り組めば、元気になるから」と言って、子どもの理解や同意が不十分なまま、一方的に「援助」を押し進めることは、**トラウマ状況の再現**にほかなりません。こうした支援者の不適切な対応は、子どもにとって**再トラウマ**となりえます。

　トラウマを受けた子どものなかには、支援者を怒らせたり、支援者との関係性が「支配－被支配関係」になるように仕向けたりする子どももいます。これはトラウマによる影響であり、無自覚に被害当時の状況や関係性を再現して「加害者－被害者」の立場を繰り返すものです。このように、対人関係や生活のなかでトラウマの状況を無自覚に繰り返すことを、**トラウマの再演**といいます。子どもの場合、遊びでトラウマを再演することもあるため、性的な遊びや行動によって、再び性被害を受けたり、他児への性加害などの性問題行動として表れたりすることもあります。

　支援者は、子どもとの関係性に及ぼすトラウマの影響を理解し、**再トラウマ化を防ぐことが大切です**。支援者が子どもの気持ちや考えを理解し、支援関係で「なにが起きているか」に目を向けましょう。

② 関係づくりの困難さ

　性被害を受けた子どもへの支援では、カウンセリングの導入がむずかしかったり、ケアを開始しても中断してしまったりすることが少なくありません。子どもとの関係づくりが困難になる一因には、トラウマが影響していることもあります。

　以下のように、子ども側と支援者側の両方の要因が考えられます。

１）子ども側の要因

① 対人不安や緊張が高まり、セラピストとの信頼関係を築きにくい

性暴力は、子どもに大きな不安や混乱をもたらします。そのため、子どもは「人がこわい」「だれのことも信じられない」という不信感が強まります。また、親しかった人や尊敬していた人から性暴力をふるわれた場合は、「人というのは、つねに下心があって親切にしてくれるのだ」という誤った信念をもつようになります。

そのため、もともとは他者との関係づくりがうまくて、人懐こい子どもであっても、新たに出会う支援者に対して、すぐに打ち解けることができません。支援者が優しそうにみえたり、味方になってくれそうだと感じられたりしても、その状況自体が性暴力を想起させるものになり（「でも、あのときも相手は優しそうに近づいてきた！」）、かえって子どもの不安を高めてしまうことがあります。

② 怒りのコントロールがきかなくなり、気持ちを落ち着かせることがむずかしい

性暴力は、とても理不尽な体験です。「どうして自分があんな目にあわなければならないんだ」とか「ひどい、許せない」という怒りを覚えるできごとです。被害のあと、イライラしやすくなり、急にキレたり、乱暴になったりする子どもは少なくありません。

加害者に対する怒りだけではなく、**自分自身に対する怒り**も感じています。加害者がおそろしすぎて怒りを向けられない場合や、逃れられなかった自分を責める気持ちがあるとき、被害者は自分自身に腹を立てます。性暴力を受けたときに、心地よさや身体的な快感を少しでも覚えたことに対して、あとから恥ずかしさや情けなさを感じることもあります。自分も望んでいたのかもしれないと考えて、混乱することもよくあります。

こうした気持ちがコントロールできなくなり、イライラしたり落ち着かなくなったりすると、他者と関わることがむずかしくなります。

③ 自信を失っているため、新たなチャレンジを不安がる

性暴力を受けた子どものほとんどが、「ついていかなければよかった」「わたしがいけないんだ」と思い込んでいます。そして、加害者に対して「いやだと言えなかった」とか「悪い人だと見抜けなかった」と、自分を情けなく感じています。

このように、被害を受けたことを自分のせいだと感じ、自分がなにもできない無力な存在だと感じた子どもは、落ち込み、抑うつ状態に陥ります。そのため、カウンセリングを受けるといった新たなチャレンジを怖れ、不安がることがあります。

今の状態や症状に困っていて、なんとかしたいという意欲のある子どもであっても、回復のために必要なことを考えると、負担感や苦痛を感じて「無理、わたしにはできない」とあきらめてしまうこともあります。カウンセリングに通ったり、自分の状態やつらい記憶に向き合ったりするのは、だれにとっても容易なことではありません。

性暴力を受けた子どもが、さまざまな症状をかかえながら新たなチャレンジをするのは、周囲が想像する以上に大変なことなのです。

④ 回避症状により、被害のことを話せず、いやがる

性暴力は、トラウマになりうるできごとです。トラウマ体験は、消化されない記憶として残り続けるため、被害を受けた子どもはトラウマ記憶をかかえたまま生活せざるをえません。トラウマ記憶は生々しい感覚や身体反応を伴った記憶として残り、思い出させるきっかけ（トリガー）があると、瞬時に想起されてしまいます。こうしたフラッシュバックは、非常に苦痛な症状です。

そのため、**トラウマ記憶のトリガーを避ける回避症状**が起こります。被害を受けた子どもが、被害にまつわる話をしたがらず、まるで忘れたかのような態度をとるのは、この回避症状によるものです。それだけ被害について話すことは、子どもにとって困難なことなのです。無理やり被害体験を話させることは、二次被害を与えることになります。

子どもの回復を支援するには、まず、子ども本人や保護者に、トラウマ記憶の特徴について説明し、被害を受けた子どもがフラッシュバックなどの再体験症状を起こしやすく、回避症状を示すことがあると理解してもらう必要があります。「話したくない」というのは、まさにトラウマ被害による症状であることを説明するのです。

こうした心理教育をしながら、子どもや保護者との関係づくりを進めていきましょう。

2）支援者側の要因

① 気負いと焦りが生じ、うまくできない無力感をいだく

性暴力を受けた子どもを前にして、子どものためにできるだけのことをしたいと願うのは、支援者として自然な思いでしょう。しかし、その思いが強すぎると、「わたしがなんとかしなければ」と気負い、焦りやプレッシャーを感じるようになります。こうした支援者の気持ちばかりが先走ると、子どもの気持ちが置きざりにされ、支援者の意欲だけが空回りしてしまうことになりかねません。

たとえ、支援者がどんなに力を注いだとしても、子どもの回復は時間を要するものです。また、回復の過程では、子どもの言葉にならない感情や葛藤の現れである行動化（アクティングアウト）や症状の増悪といったさまざまな問題も起こります。

子どもの行動が改善されなかったり、支援の中断が起きたりすると、自分が役に立てなかったという無力感をいだく支援者もいます。その無力感が、子どもや家族などに対する怒りとなり、「あんなにわがままだと、学校でうまくやれなくても当然だ」とか「あの親はなにを言っても変わらない、親のほうに問題がある」といった他者非難につながることもあります。また、支援者自身が子どもから聴いたトラウマに圧倒されてしまい、絶望感をいだいたり、人への不信感が高まったり、子どもの回復をあきらめてしまったりすることもあります。

こうした支援者の無力感は、性被害を受けた子どもの話を聴くことで生じる**二次的なトラウマ反応（二次受傷）**かもしれません。子どもがいだいている無力感や孤立感を、支援者も間接的に感じてしまうのです。

　支援に携わる自分自身の感情の変化を自覚しながら、子どもとの安定した境界線（バウンダリー）を維持して支援をおこなうことが求められます。

② ワークや課題を進めることに必死になってしまう

　どんな手法の心理療法であれ、援助においてもっとも大切なのは子どもの気持ちをよく聴き、受け入れることです。子どもは、どんな気持ちでも受け入れてもらえたと感じ、ありのままの自分を認めてもらう体験をすることによって、安心や安全感を取り戻し、回復していくことができます。こうした支援の原則は、心理教育的なワークを取り入れた場合においても同様です。

　ところが、ワークや学習を取り入れた支援をおこなおうとすると、支援者が子どもに課題をやらせることにばかり注意が向いてしまうことがあります。心理教育的な課題は、子どもの回復を促すうえで有効な学習内容ですが、重要なのは課題をこなすことではなく、課題を通して子どもと支援者が話し合い、協働作業のなかで子どもが安心して被害体験を整理していくことです。教材はあくまでも、子どもの気持ちや考えを整理していくための道具にすぎず、**支援者は子どもの理解を促すための補助として教材を利用する姿勢が大切**です。

　そのためにも、子どもとの面接で教材を用いる前に、支援者自身が被害を受けた子どもに必要な心理教育の内容をよく理解し、支援者自身の言葉で子どもに説明ができるようにしておかなければなりません。支援者が気にかけるべきことは、教材の進み具合ではなく子どもの状態です。支援者が支援の方向性について自信がもてず、自分の支援の内容に不安を感じていると、目に見える成果を求めて課題の進行を重視してしまうかもしれません。支援者が達成感を得るための課題ではないことを忘れないようにしましょう。

③ 子どもの回避症状に巻き込まれてしまう

　子どもとの面接をふりかえると、表面的なやりとりに終始していたり、子どもの本音を聞けていないようなもどかしさを感じたりすることがあるかもしれません。トラウマをかかえた子どもは、回避症状のために、性被害を思い出させるような話題を避けたり、なんでもないことのように話したりすることがあるからです。

　支援者のほうでも、性被害について触れるのは「かわいそう」な気がしたり、「かえって具合を悪くさせてしまうかもしれない」と心配になったりすることがあります。そして無意識のうちに、その話題を避けてしまいがちです。

　もちろん、子どもが準備できていないうちに、無理やり性被害に関する話をさせるべきではありません。しかし、**支援者の回避的な態度によって子どもの話を聴くタイミングを**

逸してしまうと、子どもはひとりきりでトラウマにまつわる苦痛をかかえることになってしまいます。被害後の生活がうまく送れずに困っていたり、トラウマの症状に悩まされていたりするようなら、子どもがトラウマを回避することに注いでいる力を回復のために使っていくことができると伝えてみましょう。

　例えば、トラウマを「こころのケガ」と喩えて説明し、からだのケガを治すときには、傷口をきちんと診て消毒をしたり、手当てをしたりするのと同じように、こころのケガも「ちゃんと手当てする」必要があると伝えます。傷口を確認したり消毒したりするときは一瞬痛みを感じるものですが、だからといってケガの状態が悪化するわけではなく、むしろ「ちゃんと手当てする」ほうが早く治るというイメージをもたせることができます。

　子どもの不安をよく聴きながら、「一緒に取り組むから大丈夫」と励ましましょう。そして、どんな小さなことでも、子どもが表現した気持ちや取り組もうとした意欲をじゅうぶんにほめましょう。

④ 性に対する苦手意識や抵抗感

　さまざまな相談のなかでも、性の話は聴きにくいとか、話しにくいと感じる支援者もいるようです。こうした話題は、聴く側にも少なからぬ衝撃や不安をもたらします。性的虐待や性暴力は、「なぜ、このようなことが起こるのか」という、やるせなさや憤りを感じさせるできごとだからです。

　性は、だれにとっても身近で欠かせないものでありながら、プライベートなものでもあります。そのため、性に対する意識は、人それぞれ大きく異なります。本来、性暴力は暴力であり、通常の性行為とは異なります。しかし、暴力の性的な側面を意識しすぎてしまう支援者もいるかもしれません。また、子どもや家族が、性について話しにくいと感じていたり、性を特別なものだと考えていたりすると、支援者も性について聴きにくくなることがあります。

　日本では、支援者が子どもの性の発達や特徴について正しく学び、自分自身の性のありように向き合うような教育を受ける機会が限られています。支援者自身の被害体験やその影響についても、整理しておく必要があります。

❸ 子どもとの関係をつくるために

　性暴力被害を受けた子どもへの支援において、最初のステップになるのが関係づくりです。しかし実際には、前述したように被害体験のある子どもは人間関係そのものを怖れるようになるうえ、トラウマを思い出させる機会そのものを避けようとするため、支援者との関係を築くこと自体がむずかしくなります。

　被害を受けた子どもとの最初の関わりにおいて、役立つポイントを挙げてみます。

1）子ども自身が、今、困っていることや思っていることをよく聴く

　生活のなかで本人が困っていることを中心に聴いていきます。多くの子どもは、被害の
あと、不眠やイライラ、人とうまく関われないといった問題をかかえています。睡眠の状
態や体調について尋ねながら、子どもがどんなふうに生活をしているのかを具体的に把握
していきましょう。「眠れない」という子どもは、寝ているときの悪夢（フラッシュバッ
ク）をおそれているのかもしれません。悪夢を避けて夜更かしをした結果、日中に眠く
なって、授業に集中できないこともあるでしょう。そうなると、学習の遅れや欠席なども
問題になってきます。子どもや家族は「成績が下がった」ことを問題だと捉えているかも
しれません。ですが、この場合、介入すべきは「成績」ではなく、「悪夢」というトラウ
マ症状です。

　つねにイライラして、爆発しそうな気持ちを抑えるのに精一杯な子どももいるかもしれ
ません。子どもや家族にとっては、それこそが一番の問題であり、「過去のできごと」よ
りもイライラをなくす方法を知りたがります。ですが、そのイライラの背景に性暴力によ
るトラウマがあるのなら、どうして子どもがイライラするようになったのかを考えること
で、なにが怒りを引き起こしているのか（例えば、他者への不信感、自分へのふがいな
さ、周囲への警戒心など）がみえてきます。そうした**被害後の認知や感覚を明らかにしな
がら、リラクセーションスキルを身につけていく**ことで、一時しのぎではない、イライラ
の解消ができるようになります。

　まずは、子どもが支援者と悩みを共有しようと思えることがスタートになります。子ど
もの生活上の悩みをよく聴きながら、その背景にあるトラウマについて説明する心理教育
につなげましょう。

2）心理教育をしながら、子どもの問題を整理していく

　子どもの話を聴きながら、子どもの気持ちや考え、行動に影響を及ぼしているトラウマ
について心理教育をします。トラウマは、ふだんの生活のなかで体験するストレスとは異
なり、ふだんの対処法ではうまく解決できず、心身にさまざまな影響をもたらすもので
す。そのことを、子どもの年齢や理解度にあわせてわかりやすく説明しましょう。

　心理教育は、被害からの時間経過や子どもの状態にかかわらず、いつでも実施できま
す。また何度でも、繰り返し提供すべきものです。子どもの状態や関心に合わせたタイミ
ングでおこなうのがポイントです。

　例えば、子どもが「その話はしたくない」と被害の話題を避けるようであれば、そうし
た子どもの反応こそが、トラウマ反応であることを説明するよいタイミングになります。
支援者は、「そのことは、ほかのできごととはちがうのかな」「あのできごとの話をする
と、どうなっちゃうんだろう」と、子どもの反応自体を取り上げることもできるでしょ
う。そこで、**トラウマは通常のできごととは異なることや、トラウマを思い出すと気分が**

悪くなるといった心身の反応が起こるのは自然なことだ、という心理教育をおこないます。

　カウンセリングのなかで、子どもが落ち着かなくなったり、イライラした様子を見せたりしたときも同様です。トラウマのことを思い出すと心身の反応が生じるのは当然のことであり、それによって苦痛を感じるのはもっともなことであると伝えます。「だから、あなたがおかしいわけじゃないんだよ」「それだけつらいできごとだったんだね」と言うことで、子どもは「自分のせいで調子が悪いのだ」という思い込みから抜け出せるかもしれません。

　例えば、だれでも風邪をひくことがありますが、「風邪というのは体内にウィルスが入ることから起こる症状で、ウィルスと闘う免疫機能の働きによって一時的に熱が出るけれど、温かくして水分をとりながら養生すれば治る」という知識と対処法をもっています。これは、子どもの頃に風邪をひいたとき、大人に看病してもらいながら教わった知恵であり、身体的な健康に関する心理教育といえます。自分が「悪い子だから」熱を出すのではなく、だれでも感染症にかかれば高熱が出るのは当然であり、適切な対処をすれば治るものだと理解しています。

　これと同じように、精神的な健康についても正しい知識を学ぶことで、自分を責めたり、まちがった対処法によって症状を長引かせたりするのを防ぐことができます。

3）子どもにわかりやすい比喩を用い、楽しく取り組める手法や工夫を用いる

　子どもが自発的に参加し、治療が継続するためには、なによりも子どもが楽しく取り組めることが大切です。子どもが体験したことは、つらいできごとであり、こわい体験にちがいありませんが、そのことを思い出したり、考えたりすること自体は危険なことではありません。

　出血を伴う傷や骨折のような「からだのケガ」と比べて、目に見えない「こころのケガ」（トラウマ）の存在や影響を理解するのは、大人でもむずかしいことです。どれだけの「こころのケガ」を負ったのかを知るには、レントゲンで撮影すればわかるというものではなく、なにがあったのか、そしてどう感じたのかを子ども自身に話してもらうよりほかありません。そのことを子どもに伝え、「あなたの協力が大切」であることを理解してもらいます。

　トラウマの記憶は、しまいきれないものがごちゃごちゃのままバラバラに頭のなかに押しこまれているようなものです。トラウマの記憶を忘れようとして、自分なりに頭の隅に追いやろうとしても、わずかな刺激がトリガー（引き金）になって、生々しく記憶がよみがえります。「冷凍した料理が、レンジで『チン』して作りたてみたいになるように、あのときの記憶が一気によみがえる」というような感覚をもつ子どももいますし、「いやな記憶を無理やり押入れにつっこんで襖を閉めたものの、押入れはパンパンに膨れ上がり、いつも必死で襖を押さえていないと、いやな記憶があふれ出てきそう」というイメージがぴったりくる子どももいます。

要は、**トラウマの記憶は放っておくだけでは、いつまでも生々しいまま残り、その記憶を整理せずに追いやろうとしても、かえって些細な刺激でフラッシュバックしやすくなる**ということです。その記憶を忘れようとして、四六時中「考えないようにしよう、忘れなければ」と思って、かえって意識しすぎてしまうことになるのです。こうしたトラウマ記憶の特徴を、**子どもがイメージしやすいような比喩を用いながら説明する**とよいでしょう。子どもの関心や興味、理解度に合わせた心理教育が役立ちます。

　トラウマのあとに生じやすい一般的な症状をクイズにして、ゲーム形式で競いながら書き出したり、話したりするような、楽しみながら取り組める工夫が求められます。ゲームはポイント制（「よくわかったね、1点！」「やったー、最後までできたから5点！」など）にしたり、ちょっとしたごほうび（シール、アメなど）を用意したりすると、子どものやる気が高まります。『これ知ってる？　子どものトラウマ、性教育、安全についての治療用カードゲーム［第2版］』（デブリンジャーら，2021）なども活用できます。

　トラウマのことも「ふつうの話」として話題にできるようになると（脱感作）、それだけで子どもは、自己コントロール感や有力感が高まります。

4）生活の安全が最優先

　どんな効果的な支援であっても、再び被害を受ける可能性がある環境で生活している限り、効果は望めません。この場合の子どもの不安や怖れは、安全であるにもかかわらず生じてくるトラウマ症状ではなく、現実の危険性に対するものだからです。子どもが安心感・安全感を取り戻すには、安全な環境が欠かせません。

　アセスメントの時点で、子どもの生活環境や再被害のリスクについてじゅうぶん検討し、子どもの安全の確保を再優先したケア計画を立てるべきです。カウンセリングなどのケアは、生活の安全が前提となります。

　ケアを開始したあとも、家庭や施設、学校などで、子どもが安全に過ごせているかどうかに気を配りましょう。子どもの症状がなかなか改善しない場合は、生活場面で安全に関する問題が起きている可能性があるからです。

4　トラウマインフォームドケア

　本書『マイ ステップ』は、トラウマの専門的治療とは異なり、身近な支援者が子どもと一緒に取り組める心理教育のツールです。心理教育は、子ども自身が今どのような状況にあるのか、つまり、なぜ急に不安や恐怖、イライラなどの感情におそわれるのか、どうして眠れないのか、なぜ勉強に集中できないのか、生活がうまくいかない理由はなにかといったことについて、子ども自身が理解できるようにサポートするものです。PTSD症状がなくても、性被害を受けた子どもにみられやすい反応や対処スキルを知ることで、自己肯定感や自信を取り戻し、生活上の支障も軽減することが期待できます。

このように、子どもが「自分になにが起きているのか」をトラウマの観点から理解するケアを**トラウマインフォームドケア（Trauma Informed Care：TIC）**といいます。インフォームドとは、「理解している、前提とする」という意味で、被害者の心身の状態を理解するとともに、周囲の人や支援者にもトラウマの影響が及ぶことを知っておくことです。性被害の状況を詳しく話させるのではなく、現在の状態を一緒に理解していきます。

　『マイ ステップ』は、性暴力とはなにかを理解するために、境界線や同意といった概念を知り［ステップ2］、境界線が破られたときに生じるさまざまな心身の影響を説明しています。支援者と一緒に読み進めるなかで、性被害は「自分のせいではない（相手のルール違反）」であり、「自分だけではない」という孤立感の軽減につながることが望めます。そして、さまざまなトラウマ反応について、感情面への影響［ステップ3］、身体・行動面への影響［ステップ4］、認知面への影響［ステップ5］、問題解決法［ステップ6］、セーフティプランと回復への動機づけ［ステップ7］といったモジュール（単元）で心理教育をおこない、対処法を学んでいきます。トラウマに関する知識が〈メガネ〉になり、自分の状態が〈よく見えてくる〉と、「自分はダメだ」「自分はおかしい」という否定的な自己イメージを捉えなおすことができます。TICを通して、安全な関係性を基盤に、知識を得ることで自分の状態を再認識し、より安全な対処法をとれるようになっていきます。

1）身近な大人も一緒に学ぼう

　『マイ ステップ』の学習内容は、支援者と子どものふたりだけで学ぶのではなく、子どもの身近にいる親や里親、施設職員や教員といった方々とも共有してください。こうした大人たちが、子どもが体験した性的トラウマとその影響を正しく理解すると、子どもの言動の意味がわかり、これまでとまったく異なる子どもの姿が見えてくるはずです。トラウマの〈メガネ〉があれば、子どもの状態をより現実的に捉えなおすことができます。

　例えば、「元気そうだ」と思っていた子どもは、過剰適応によって無理をしていただけかもしれません。「淡々としている」のは、落ち着いているのではなく、むしろ感情麻痺や回避による症状であるかもしれません。また、援助交際など「リスクのあるセックスを繰り返す」のは、セックスが好きだとか性的に奔放であるといった本人の特徴ではなく、性被害による混乱や怒りの感情の行動化なのだとわかれば、求められる介入は「自分を大切にしなさい」という叱責ではなく、「子ども自身が大切にされなかった体験」をしっかり聴く支援であることが見えてくるでしょう。

　トラウマを理解する視点がなければ、子どもの症状は見過ごされてしまいます。子どもの回復にとって意味がないばかりか、むしろ不適切な介入をしてしまうことにもなりかねません。

2）みんなでトラウマの〈メガネ〉をかけよう

　家庭や学校、施設では、まず、子どもの性的トラウマに気づく必要があります。子ども

からの性被害の訴えをただ待つのではなく、子どもがそれを打ち明けやすくなるように、心理教育をしたうえで子どもの訴えを積極的に待つのです。

　子どもと『マイ ステップ』に取り組むのに併せて、毎回の学習内容を、保護者や生活支援を担当している施設職員、教員などと共有すると、子どもが学習した内容を生活のなかで実践しやすくなります。大人が子どもの取り組みに気づき、適切にサポートすることができるようになるでしょう。

　例えば、トラウマの影響で自己コントロール感を失った子どもは、自分の不安や怒りの感情にうまく対処できなくなります。『マイ ステップ』では、そうした自分の心理状態やからだの変化に目を向けて自覚したあと、感情をコントロールするさまざまな方法を学びます。こうした対処法は、カウンセリングで教えるだけでは身につきません。子どもが日常生活で練習を重ねていけるよう、身近な大人が子どもの課題を理解し、励まし、子どもが取り組もうとしたときには認めて、ほめながらサポートするのが非常に有効です。大人の励ましに支えられながら、子どもは少しずつコントロール感を取り戻していくことができるでしょう。

　このように、**生活のなかで子どもが安全にトラウマへの対処を続けていける TIC にもとづく環境づくりをする**ことが、トラウマからの回復支援の土台となります。子どもの養育にあたる大人が子どもの取り組みを理解し、日常生活のなかで適切に関わることで（ペアレンティング）、子どもは回復し、成長していきます。

　養育者は、子どものよき理解者であり支援者であるとともに、間接的被害者として損なわれた自己効力感を高め、回復していくことが望まれます。

⑤ 『マイ ステップ』導入における留意点

　ケアを開始するにあたり、再被害のリスクのない安全な環境であることを確認する必要があります。まず、**子どもが虐待や性暴力被害の危険から保護され、当面の安全が保証されていることを確認してください**。施設内で子ども間の性暴力があった場合は、被害を受けた子どもと加害をした子どもを分離し、安全を確保することを優先させます。

　子どもが一時保護中であるなど、当面の安全は確保されたものの、今後の生活の見通しが立っていない場合もあるかもしれません。その際も、子どもの安全を第一に考えて動いていることを子どもに伝えたうえで、すぐに役立つリラクセーションスキルや、現在困っている課題に焦点をあてた心理教育をおこなうとよいでしょう。例えば、一時保護所に来てから眠れないとか被害を思い出しやすいといった具体的な症状に対して、それらが生活の変化などのストレスや性被害のトラウマによる一般的な反応であることを説明するだけでも、子どもは安心するものです。

　子どもの状況や当面の課題を考慮しながら、必要な情報やスキルを教え、その後、子どもの生活が安定してから改めてほかのステップに取り組むのでもかまいません。

もうひとつは、親、里親、施設職員や教員など子どもの身近にいる大人と、子どもの学習内容を共有することです。子どもをうまくサポートしてもらうためには、子どもに関わる大人たちとの協働関係が欠かせません。

　身近にいる大人のうち、だれと一緒に『マイ ステップ』に取り組むかは、できる限り子ども自身に選んでもらうとよいでしょう。選ばれた大人は、トラウマの心理教育を受け、子どもの具体的な症状や対処法を学んで子どもをサポートし、ほかの家族や施設職員・教員とも基本的な情報を共有します。このように、子どもに関わる人たちが同じスタンスで子どもを支援することで、トラウマ理解にもとづいたケアの体制がつくられます。

　適切なケアが提供された子どもは、自身のレジリエンス（回復力）を発揮させ、安全感と自信を取り戻すことができるでしょう。子ども自身と身近な大人の回復のために、『マイ ステップ』を活用したケアに取り組んでいただければと思います。

『マイ ステップ』の使い方

Q1 | 『マイ ステップ』は、性被害を受けた子どもにしか使えませんか？

A1 境界線や同意、性行動のルールに関する知識は、性被害の予防にも役立つものなので、さまざまな子どもに活用できます。性暴力に限らず、いじめや虐待など、いろいろなトラウマやその影響について心理教育をおこなう際にも役立ててください。

また、気持ちや考えに気づき、それを表現することは、子どもたちがよい人間関係を築くうえで大切な課題です。子どもの状況に合わせて課題を選び、伝えかたを工夫してください。

Q2 | 心理教育をすることで、かえって子どもに性被害体験を意識させたり、トラウマだと思い込ませたりするものになりませんか？

A2 心理教育は、「自分になにが起きた（起きている）のか？」がわからず混乱している子どもに、性暴力とそれによる影響を説明するものです。

性被害を受けた子どもの多くが「自分が逃げなかった／断らなかった／近づいたから、悪かった」という自責感をいだいています。また、被害後の心身の不調に悩まされ、「自分がおかしくなってしまった」と感じていることが少なくありません。このように混乱した子どもをサポートするために、基本的な情報を共有するものなので、性被害にあったことを認めさせたり、すべてトラウマになると決めつけたりするものではありません。

Q3 | 子どもに「性被害を受けた」という認識をもたせるには、どうしたらいいですか？

A3 性被害を受けたという事実を認めたり、それが性被害であると認識したりすることは、むずかしいことです。グルーミングによって、子どもが恋愛や愛情だと思い込んでいることもあります。子どもの考えや気持ちをよく聴いてみましょう。

「性被害を受けた」と認めさせようとするよりも、トラウマになりうるできごとやそ

の影響についてリストなどを示しながら、「あなたにあてはまるかわからないけれど、こんなことはある？」と訊いてみるほうがよいかもしれません。「あなたは被害者なんだよ」と説得されるよりも、「自分の気持ちや考えをわかってもらえた」と思える体験をすることが、子どもの回復を支えるはずです。

Q4 | 子どものほうからから相手に近づき、性的な関係性を望んでいるように見えることもあります。これは性被害とはいえないのではないでしょうか？

A4 | たとえ、そのように見えたとしても、性的な同意をする能力がない子どもへの性行為は性暴力です。実際に、子どもが危険な行動をとったり、社会的境界線（ルール）を守れなかったりすることはあります。行動面だけに着目するのではなく、「どうしてそんな行動をとるのだろう」という観点から、子どもを理解してみましょう。性的虐待やネグレクトを受けていたことで、トラウマティックな関係性を再演していたり、寂しさや不安を性行為で埋めようとしたりしているなかで、性的搾取や被害にあうこともあるでしょう。
トラウマインフォームドケアでは、「なにが起きているのか」に着目し、安全な対処法を身につけていくことをめざします。子どものニーズを把握し、安全で健康的な関係性がもてるように支援していきたいですね。

Q5 | 『マイ ステップ』を一通りやったのに、知識が定着せず、子どもの状態も変わりません。

A5 | 支援者がワークブックを進めることに注力してしまうことがあります。課題をこなすことが目的なのではなく、課題を通して子どもと対話を重ね、気持ちや考えを理解していくことが大切です。
さまざまなトラウマや逆境を体験していた子どもは、自分の意見が言えず、言いなりになりやすい面があります。支援者に「従う」ことがトラウマティックな関係性の再演になってしまったら、どんな課題をやっても子どもはエンパワーされないでしょう。支援者自身が子どもになにか「させよう」としていないか、学べば「変化するはず」という思い込みがないか、支援の姿勢を見直すことが求められます。支援者も『マイ ステップ』に取り組みながら、自分の気持ちや考えにも目を向け、視点を広げることで、ともに変化・成長していきましょう。

II
支援の実際

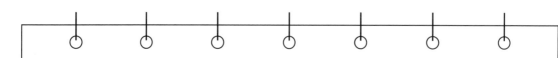

『マイ ステップ』の進めかた

● ここでは、『マイ ステップ』の構成要素の7つのステップを紹介しています。

　基本的には、ステップ1から順に取り組むことをおすすめしますが、実施可能なセッション数や子どものかかえている課題に応じて、いくつかのステップだけを選んで実施することもできますし、ステップの順番を変えてもかまいません。

　各セッションに費やすセッション数や時間は、子どもに合わせてください。

● 以下のような構成で各ステップを紹介しています。

① 導入：各ステップの要素に関連した子どもたちの声によって、学習のねらいが紹介されています。

② 解説：支援者向けに、ワークシートの課題のねらいや注意点が書かれています。実施前に、以下⑤までをお読みください。支援者自身が、学習の目的や進めかたをよく理解してください。

③ 学習の進めかた：ワークシートの活用方法や注意点が書かれています。

④ ティーンズ向け：思春期の子どもに役立つ情報です。子どもの発達段階やニーズを考慮して、選択してください（ステップ4、6のみ）。

⑤ ステップのまとめ：各ステップの解説の最後に、まとめが書かれています。

● 【　】でワークシートの当該ページを示しています。

　ワークシートのページ番号はステップごとに1から振り直しています。（例：ステップ3の4ページ目の番号は【3-4】）

● 『マイ ステップ』は、性暴力被害を受けた女の子と男の子のためのワークシートです。

　ワークシートは出版社の本書ウェブページ

　　　　　　https://www.seishinshobo.co.jp/book/b10040304.html

の内容説明内よりダウンロードすることができます（p.viii の QR コードもご活用下さい）。臨床目的に限り、ダウンロードはご自由に行えます。ワークシートのテキストは読み上げたり、子どもと一緒に読み合わせてください。テキストのほかに、以下のものが含まれます。

① ｜ワーク｜　子どもが記入する課題です。すべてに回答させたり、正しい意見を求めたりするのではなく、子どもと話し合いながら進めてください。

② ｜○×クイズ｜　ステップの終了時に、復習と定着のために行います。解答の正誤を確認するよりも、そのステップでなにを学び、なにが自分の役に立ったかをふりかえるためのものです。なお、ワークと○×クイズの解答は、最後に収録されています。

③ ｜ホームワーク｜　家庭や施設などで実施できる練習課題を載せています。親、里親、施設職員、教員等にも課題を伝えて、子どもと一緒に取り組み、うまくサポートしてもらうようにします。

　小学生から使えますが、認知行動療法（CBT）をベースにしているため、認知の理解が可能となる小学校高学年から中学生くらいがもっとも使いやすいでしょう。支援者の説明の仕方を平易にしたり課題をアレンジすれば、小学校低学年から高校生以上まで幅広い年齢の子どもに使えます。知的な障がいがある場合も同様に、その子どもの理解度に合わせて説明の仕方などを工夫しましょう。**子どもが「わかった！」「できた！」という自己効力感や達成感を味わえるように、柔軟に活用してください。**

ステップ **STEP** ① 自己紹介をしよう

　カウンセリングに来た子どもの気持ちは、さまざまです。被害後に生じた問題や苦痛をなんとかしたいという動機のある子どももいますが、「大人に連れて来られた」とか「なにをするのかわからない」という状態の子どもも少なくないでしょう。カウンセリングに対する期待よりも、不安の気持ちのほうが強いかもしれません。自分が受けた被害について、思い出したり、ほかの人に聞かれたりするのはいやだという抵抗感をもつのも自然なことです。

――あれからこわい夢を見るようになって、夜に眠れなくて困っています。なんとかしたい。

――どうしてここに来たかって？　学校の先生に行けって言われたから。なにをするか？　そんなの知らないよ。

――話すのはいいけど、あの話はしないからね。もう忘れたいって言ってるでしょ！

　どんな方法で支援していくかにかかわらず、支援者は子どもの率直な気持ちを聴くことが大切です。被害を受けたあとに、回復のためのステップを進むという新たなチャレンジに取り組むことは、子どもにとって容易なことではありません。期待と不安、頼りたい気持ちと不信感が入り混じった子どもの気持ちを受けとめながら、これから一緒に取り組んでいこうという動機を高めていきましょう。

　ステップ1「自己紹介をしよう」では、子どもの好きなことや得意なことを中心に聴きながら、子ども自身と子どもの日常生活を理解していきます。また、性暴力のトラウマに関する心理教育をおこない、プログラムの見通しを共有します。リラクセーションスキルも練習しますので、カウンセリングのなかでも、子どもがつらさを感じたときには一緒に使ってください。ホームワークでも練習を重ねて、トラウマ反応への対処スキルを身につけていくことが大切です。

　ステップの最後では、これからの目標を決めます。ゴールを意識することで、子どもが今の自分の状態を認識し、将来に目を向け、このプログラムを「自分のためにやっているんだ」と感じられるようになることが望まれます。

① 自己紹介 [1-1]

　緊張している子どもの気持ちを受けとめつつ、子どもが安心できるように、お互いの自己紹介をします。これから一緒に取り組んでいく支援者との関係づくりの第一歩になります。ここでは、子どもの好きなことや得意なことなど、話しやすい話題から始めます。一問一答で終わるのではなく、ふだんの生活の様子や子どもが考えていることや感じていることに関心を寄せ、目の前の子どもを理解するように努めましょう。

　学校での生活や友だち関係など、日常生活についての話題をいやがる子どももいるかもしれません。子どもの表情や話しかたに注目して、子どもの反応を把握します。**このワークは、子どもが楽しく自己紹介をすることが目的なので、無理に話をさせる必要はありません。**ですが、こうした一般的な話題について、子どもが「話しにくい」とか「話すのがいや」と感じるのは、まさにそれが性被害によるトラウマ反応かもしれないということを支援者は意識しておきましょう。トラウマからの回復のためには、子ども自身がこうしたトラウマ反応や症状を自覚し、それがおかしなことではなく当然の反応なのだと知る必要があります。

　支援者は、自己紹介でのやりとりを通して子どものトラウマ反応を把握し、次の「今、どんな気持ちがしているでしょう」【1-2】のワークのなかで、被害を受けた子どもによくみられる反応や症状を説明してください。

　また、子どもの応答を聞きながら、生活状況や心理状態、言語的な能力などをアセスメントします。子どもの状態や理解度に合わせた説明の仕方を工夫しましょう。

▶▶ 学習の進めかた ◀◀

自己紹介をしよう [1-1]

ワーク1

　自己紹介ワークは、子どもと支援者がお互いを知るきっかけをつくるものです。子どもはもちろんのこと、支援者である大人も緊張しているかもしれません。子どもと支援者がそれぞれの質問に答えながら、お互いに質問をし合ったり、感想を話し合ったりして、コミュニケーションをとりましょう。

　もちろん、ここに挙げた項目は質問の一例ですので、子どもの興味や関心に合わせて、自由に話を展開させてください。支援者の正直さや率直さは、これから子どもが自分のことを話していくうえで、ポジティブなモデルになります。できるだけ感情や考えをオープンに話す姿勢が求められます。もし、子どもが支援者を試すような質問（例えば、「セックスしたことある？」など）をしたときは、まずは、子どもがなぜそのような質問をしたのかを理解することが大切です。「セックスのことが気になるのね」といったリフレクション（感情の反射）をメインとしたやりとりは、子どもの関心や不安の理解につながるでしょう。性に対する混乱した気持ちや、支援者との関係

になんらかの不安を感じている子どもの気持ちに着目していくことが大切です。

　また、子どもの話しかたや表現力から、知的な能力や言語力などをアセスメントし、これからどのような説明の仕方をすればよいか、どんな学習方法が役立つかを考えます。子どもの話から、家庭や学校での生活の様子、とくに親子関係や友だち関係を把握するのも大切です。もし、頼れる人がいたり、安心できる居場所があったりするならば、それは子どもの回復にとって役立つ資源（リソース）となります。そうした資源は、それをもつ子ども自身の強み（ストレングス）とも捉えられます。

② 心理教育

１）心理教育とは

　子どもの身に起きた性暴力について、その特徴を説明し、性暴力による心身への影響を伝えることを心理教育といいます。正しい情報を伝えることで、子どもの自責感をやわらげることができます。また、適切な方法で症状を軽減させていくことで、子どもの自己コントロール感が高められます。**心理教育は、子ども本人だけではなく、子どもの生活を支える親、里親、施設職員や教員等にとっても有益です。**子どもへの支援と併せて、身近にいる大人にも心理教育をおこないましょう。

【1-1】　　　　　　　　　　　　　　【1-2】

性被害を受けたことで、子どもはさまざまな混乱や戸惑い、不安を感じています。自分の境界線（ステップ2参照）が侵害される体験は、だれにとっても、驚きや緊張、恐怖、不快、苦痛などをもたらすものだからです。

　性被害を受けた子どもは、自分の身に起きたことがなんなのか、どうしてそんなことが起きたのか、だれのせいなのか……といったことを思い悩みます。被害を受けたときの秘密めいた雰囲気や、加害者から「だれにも言うなよ」などと口止めされたことなどから、そのできごとは「だれにも言ってはいけない、恥ずかしいことなのかもしれない」と思い、「相手についていった自分がいけないんだ」と強い自責感をいだいています。相手が知り合いや家族であった場合、「大好きなあの人がどうして！？」というショックや、「いやなことをされたけれど、あの人はいやじゃない」という混乱は、よりいっそう強くなります。そのため、性被害を受けても周囲に打ち明けられず、長い間、ひとりきりで悩んでいる子どもは少なくありません。

　子どもなりに、できごとを忘れようとしたり、つらい気持ちをまぎらわそうとさまざまな対処を試みたりしているものですが（ステップ3・4参照）、トラウマの記憶自体がなくなるわけではありません。そのため、いつまでも性被害による反応や症状に悩まされることになるのです。ふいに思い出してこわくなったり、気分が悪くなったりすることは、一般的なトラウマ反応です。イライラして落ち着きをなくし、睡眠や食事、登下校や勉強など、日常生活にも支障をきたすようになります。被害後にみられるようになったこうした反応は性暴力の影響と考えられますが、子ども本人はその理由をわかっていない場合がほとんどです。そのうえ、こうした状態を周囲に知られないように、必死でごまかしたり、隠そうとしたりしていることもあります。

　また、「急にイライラしたり体調が悪くなるのは、自分がおかしくなったからではないか」と考えて不安になったり、「どうして今までみたいに生活ができないんだろう」と落ち込んだりすることもあります。人間関係や学業面がうまくいかなくなると、「自分はもともと人とうまく関われないし、頭も悪いんだ」と思い込んでしまいます。残念ながら、子どもの身近にいる大人ですら、「この子はもともとこういう子なのだ」と思い、性被害を受けた事実がわかったとしても「この子があぶない行動をとったりしたから被害にあったのだろう」と解釈してしまうことがあります。しかし、こうした症状は子どもの弱さのせいで起こるのではなく、性暴力の影響によるものであると、子どもや身近にいる大人に説明する必要があります。

　心理教育をおこなう際は、子どもの理解度や年齢に合わせて、わかりやすく説明しましょう。一般的な心理教育に加え、子どもが受けた被害内容に応じて特化した心理教育もおこないます。例えば、加害者が知らない人である場合と、保護者やきょうだい、交際相手といった身近な人だった場合では、子どもの気持ちはずいぶん異なります。子どもの性被害体験に合わせた説明を加える必要があります。

性被害を受けた子どもへの心理教育に含めるべき内容

① 性暴力は加害者の責任で起きたものであり、被害者のせいではない

② 性暴力を受けたあと、さまざまな心身の反応が起こるのは当然である

③ 適切な対処法で症状をコントロールしていくことができる

▶▶ 学習の進めかた ◀◀

「今、どんな気持ちがしているでしょう」[1-2] を読み上げながら、子どもに自分があてはまると思う状態や症状を話してもらいます。□の欄に☑をつけてもらうのもよいでしょう。子どもがあてはまると述べたものについては、「そうなんだ、〜と感じているんだね」と受けとめながら、「そんなふうに感じるのも当然だよ」「そう思っている人は少なくないんだよ」と**一般化（ノーマライゼーション）**をします。これが子どもへの心理教育になります。そして、「でも、あなたは悪くありません」というメッセージを読み上げてください。

初回ですので、子どもがどう感じているのかをよく聴き、支援者が一貫して子どものサポートをするのだという姿勢が伝わるだけでじゅうぶんです。子どもが「わたしが悪かった」と思っていても、「よく話してくれたね、あなたがそう考えていることがよくわかったよ」と伝えます。心理教育は、子どもを説き伏せることが目的ではありません。「わたしが悪かった」と言う子どもに対して、支援者は「そんなことはない」と説得しないようにしましょう。

「あなたは悪くありません」[1-3,4] に被害者が悪くない理由を挙げていますので、それを読み上げて子どもと話し合います。詳しくは、ステップ２以降で学びますので、ここでは「どうしてなのか、詳しくはこれから学んでいこうね」と伝えるだけでかまいません。

『マイ ステップ』には、子どもが自分の性被害体験について詳細に語る課題（トラウマナレーション）は含まれていません。代わりに、さまざまな性暴力に関する短い事例を紹介しています。「こんな人もいるよ」と紹介することで、子どもが「自分と似たことを体験した人がいるんだ」と孤立感がやわらぎ、ほかの子どもの事例を客観的に聴くことで「被害者は悪くないのに」と考えやすくなるかもしれません。性的なトラウマを受けた子どもへの臨床経験が少ない支援者でも、事例を読み上げることで、子どもと一緒に「こういうこともあるんだね」と話し合いやすいと思われます。

また、「忘れたい……考えたくない……」[1-5] のように、性被害の話題を回避したい気持ちも扱います。それに対して、「どうすればいいのかな？」[1-5] で挙げたような一般的な例を参考に、**忘れようとするだけでは事態がひどくなり、自分がつらくなる**ことや、**いやなことを隠そうとすればするほど、意に反してその記憶やそれにまつわる感情や感覚が溢れ出てしまう可能性がある**ことを説明してください。

あなたは悪くありません

どうしてかというと……

● 望んでいないとき、子どもに対して、プライベート・パーツ（※くわしくはステップ2で学びます）を触ったり、触らせたりした相手の行動は、「行動のルール」に違反しているから
● あなたが望んでいないことをしたのは、相手のほうだから
● あなたが逃げられなかったり、逃れなくなったりするような状況にしたのは、相手のほうだから
● あなたが信じている気持ちを裏切ったのは、相手のほうだから
● 「こわい」「どうしよう」「なんだろう」と思って、からだが動かなくなることや、声を出したり逃げ出したりできなくなることは、自然だから

だから、あなたは悪くありません。あなたには、なんの責任もありません。

「そう言われても……でも、わたしの場合は……」とか「ぼくはそう思えない」という人もいるでしょう。次の子どもたちの感想を読んでみましょう。

大学生のいとこに抱きつかれたとき、最初は、ふざけているだけだと思いました。
でも、途中から「なんか変だな」と思って「やめて」と言ったけど、やめてくれませんでした。
家に帰ってからお母さんに言ったけど、「あなたを子ども扱いしているんでしょう」と笑われました。わたしが気にしすぎなのかな……。

どんなに親しい相手や、信頼している人であっても、あなたが「変だな」「いやだな」と感じたら、「やめて」と言っていいのです。
でも、「やめて」と言うのがとてもむずかしい状況もあります。
性暴力は、しばしば知り合いからふるわれます。その人は、やさしくて親切な行動もとるかもしれません。
だから、相手が悪い人なのかいい人なのか、わからなくなってしまうかもしれません。どんなにいい人だとしても、その人があなたにした「行動」はまちがっています。

通学中の電車の中で、だれかがぼくの股間を触りだしたんだ、恥がとまりそうになって、動けなかった。もちろん、声も出せなかった。男の人が「チカンです！」なんて、絶対に言えないよ。それに……あんなにサイアクな気分だったのに、からだは反応してしまったんだ、情けないよ……。

男の子も性暴力を受けます。見知らぬ人からだけでなく、知り合いや仲間から被害を受けることもあります。
男の子のほうが「まさか自分が」と信じられない気持ちになったり、周囲にもきちんと聞いてもらえなかったりすることがあるかもしれません。
性別にかかわらず、同意なくプライベートパーツを触ることは性暴力です（くわしくはステップで学びます）。
また、この男の子のように、どんな状況でも、からだに触れられると反応するのは自然なことです。

【1-3】

性暴力を何度も、あるいは長い期間、受け続けてきた子どもは、さらに混乱しています。
性暴力が「あたりまえ」だと感じていたり、自分がそんな目にあうのは「しかたがない」と思っていたりすることがあります。
でも、決して、性暴力はあたりまえではありません。性暴力を受けてよい人などいないのです。

小さい頃から、お父さんと一緒にお風呂に入っていました。中学生になった今も、です。
本当はひとりで入りたいけれど、お父さんが「意識するなんておかしい」と取り合ってくれません。お母さんも「お父さんの言うようにしなさい」って言うだけなんです。

家族からの性暴力は、子どもにとって「よいこと」か、「悪いこと」かがわかりにくいものです。
小さい頃から続いていると、それが「ふつうのこと」のように思えるからです。
家族が好きだという気持ちがあると、いやなことでも拒みにくいし、簡単には逃げることもできません。

お兄ちゃんがふざけて股間を触ってくるんだ。「やめてよ」と言っても、しつこいんだよ。
後も布団の中に入ってくるし…。いやがっても「うるさい」ってどなるんだ。

きょうだいから性被害を受けることもあります。ふだんは優しくて、あなただけでなく親も信頼を寄せているきょうだいから胸などのプライベート・パーツ（ステップ2で学びます）を触られたら、本当にとまどうでしょうし、親に言いにくいです。
でも、プライベート・パーツを触る行動は、きょうだいでもルール違反です。

自分ではまだ早いと思っているのに、カレシは「好きならいいだろう」とセックスを求めます。
断るとふきげんになって、黙って携帯をいじりだすので、きらわれるんじゃないかと不安になります。

たとえつきあっていても、セックスを無理強いすることはできません。
力ずくでセックスをするわけでなくても、断ることをためらわせたり、相手を困らせるようなことをしたりするのは、強制（強迫）にあたります（ステップ2で学びます）。

性被害にあったとき、「自分のほうがいけない」と思った人や、周囲から「どうして逃げなかったのか」と責められたりした人がいるかもしれません。
「だれにも言えない」と思ったり、ようやく打ち明けたのに「なんで早く言わなかったの！」と怒られたりした人もいるでしょう。

でも、性暴力はあなたのせいで起きたわけではありません。あなたは悪くないのです。

【1-4】

　大事なのは、「忘れたい」「考えたくない」と思う子どもの気持ちはもっともであり、それだけいやな体験をしたのだということ、それでも子どもはだれかに打ち明ける選択をしたのだということです。ですから、今、カウンセリングを受けている子どもの勇気とチャレンジをじゅうぶんに認め、賞賛することです。「話してくれてありがとう」「話してくれて、とてもよかった」と子どもにしっかり伝えましょう。

❸　7つのステップ [1-6]

　子どもがカウンセリングのなかでどんなことを学んでいくのか、今後の見通しを伝えることで、不安や混乱のなかにいる子どもの安心感を高めることができます。

　なお、どのステップにも性被害からの回復に役立つ学習内容が含まれており、すべてに取り組むのが理想的ですが、子どもの状態やカウンセリングの条件（実施回数の制限や子どもが通うためのサポート体制など）によっては、必要性の高いステップだけを選んでもかまいません。また、それぞれのステップにかける時間や回数、使用するワークシートも、子どもに合わせてください。学習内容のボリュームも、各ステップで異なります。

▶▶ 学習の進めかた ◀◀

　これから取り組む予定の学習内容の概要を説明しながら、子どものやる気や不安を聞い

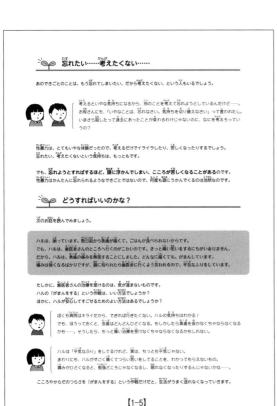

てみてください。ここでは、各ステップの内容を詳しく話す必要はありません。性被害からの回復において重要と考えられる課題だけを抽出しているため、一般的なカウンセリングよりも短期間で取り組めるでしょう。

　それでも、子どものなかには「こんなにやるの〜！？」「無理！　大変そう」と感じる子がいるかもしれません。「今は、『できるわけがない』って思うんだね。たしかに、大きなチャレンジになるだろうね」と子どもの気持ちを受けとめながらも、支援者が「一緒に取り組んでいこう」と前向きな姿勢を示しましょう。

④　リラクセーションスキル [1-7]

　トラウマ症状をもつ子どもにとって、自分でできるリラクセーションスキルを身につけることは、とても有益です。自分で不安を軽減できるようになると、セルフ・コントロールができるため、子どもの自信や自己効力感が高まります。

▶▶ 学習の進めかた ◀◀

リラックスしているのは、どんなとき？[1-7]

　リラクセーションの必要性を理解するために、まず、リラックスしているときのこころやからだの状態に目を向けましょう。リラックスしているときは、落ち着いていて、心地よい状態であることを子ども自身が認識できるようにします。

　リラックスの反対は、緊張した状態です。緊張した状態とリラックスした状態のちがいを、子どもにわかりやすく説明しましょう。実際にからだを動かしながら、呼吸の深さや呼吸の速さ、筋肉の固さなどを体験してみましょう。子どもがリラックスできるときをイメージさせながら、自分のこころやからだがどんな状態になっているか、子どもに発見してもらうのです。

　緊張した状態とリラックスした状態には、主に次に示すようなちがいがあります。

	緊張しているとき	リラックスしているとき
呼吸	浅くて、速い 息をとめているか、ハァハァした息づかい	深くて、ゆっくり 一定のペースで、フゥ～と息を吐く
表情	顔全体に力が入って、こわばっている 歯を食いしばり、眉間にシワが寄っている 目つきがきつい、にらむ、目を伏せている	顔の力が抜けて、ゆるんでいる 口元は軽くほほえみ、おだやかな表情 優しい目元、まなざし
姿勢	肩があがっている からだ全体がこわばって、縮こまっている	肩が下がっている からだの力が抜けて、やわらかい
心臓	動悸が高まり、ドキドキする 心臓がバクバクして、飛び出しそうな感じ	ゆっくりとした心拍数
行動	ギクシャクして、動きがぎこちない そわそわ落ち着きがなく、荒々しい	ゆったりした動作 おだやかで、落ち着いている

　ワークでは、実際に子どもと「緊張したときの表情」や「姿勢」を演じてみたり、「リラックスしているときの呼吸」や「行動」をやってみたりするのがおすすめです。子どもと支援者がお互いに演じてみせて、「これは緊張とリラックスの、どっち？」と訊くクイズをしながら、「その理由は？」と両者のちがいを挙げていきます。ほんの短時間でも「緊張した姿勢」をとってみるだけで、自然に、眉間にシワが寄り、呼吸は浅くなり、からだがこわばって、気持ちが変化してくるものです。子どもと一緒に体験しながら、楽しんでやってみましょう。

　リラックスしている状態が理解できたら、子どもがリラックスできる状況や方法を聞いてみましょう。具体的にどんなことをしたり、なにを用意するとリラックスできるのかを訊くことで、より効果的なリラクセーション法を探すことができます。

【1-7】

リラクセーションをやってみよう【1-8,9】

『マイ ステップ』全体を通して、さまざまな対処スキルを学びます。ステップ１では、もっとも基本的なイメージング（「ほんわかイメージ法」）、呼吸法（「ゆったり呼吸法」）、漸進的筋弛緩法（「あったか体操」）の３つを紹介します。これは、今後、カウンセリングのなかでも活用できますし『マイ ステップ』に取り組むあいだの日常生活を支えるためのスキルにもなります。

もちろん、カウンセリング中に緊張している子どもや、ステップ１の心理教育を受けて「つらい」と感じた子どもには、すぐに使えるスキルです。

性被害を受けた子どものリラクセーションの留意点

性被害を受けたことで、それまでリラックスするのに効果的だった方法（外で遊ぶ、入浴する、眠るなど）が、逆にトラウマを思い出させるトリガーとなって、リラックスできなくなることがあります。

また、警戒心が高まり、リラックスしてはならないと思うようになる子どももいます。それらの反応は、性被害のあとによく起こることだと説明しながら、子どもにとって安全な場所で安心できるような方法を一緒に考えていきましょう。安全な場所で気を抜くのはちっとも悪いことではないと説明し、リラックスすることで、こころもからだも元気になれることを伝えてください。

① ほんわかイメージ法

安全で安心する場所をイメージし、こころを落ち着かせます。

子どもによって、安心する場所のイメージは異なります。「雲の上」という想像上の場所でもよいですし、いつも座っている「リビングのソファの右端」なんていう具体的な場所を挙げる子どももいるでしょう。

次の「ゆったり呼吸法」と併せて使うと、より効果的です。

② ゆったり呼吸法

細く長く息を吐く呼吸を繰り返します。腹式呼吸のように、お腹の下まで息を入れて、ゆっくり出しきるのでもかまいません。

「いい香りのお花に鼻を近づけて、そっとかいでみましょう。そして、ゆっくり息を吐きます。花びらが散らないように、静かに息を吐きましょう」といったイメージを用いると、呼吸の調整がしやすくなります。もちろん、お花の香りの代わりに「ラーメンのおいしそうなにおい」を想像してもかまいません。熱々のごちそうをフーッと冷ましてみましょう（最後は「いただきます」でおしまいにしてもいいですね）。

③ あったか体操

緊張してこわばったからだの力を抜くには、一度、からだに力を入れて筋肉を縮めたあと、一気に弛緩させるとゆるめることができます。腕、肩、背中、お腹……と、少しずつほぐしていきましょう。子どもと一緒に、面白いポーズを開発してもいいですね！「吹雪のなかを旅してきた人が、暖かい暖炉の前に立ったらどうなる？」なんていうジェスチャーゲームも楽しめるでしょう。ゲームで楽しみながら練習するうちに、自然と、呼吸もゆったりしているはずです。

リラクセーションをやってみよう

リラックスしているとき、呼吸は深くゆっくりしていて、頭のてっぺんから足の先まで、からだ中の力が抜けています。こころはおだやかで、気分はゆったりしています。
自分でこころやからだをリラックスさせることをリラクセーションといいます。
ここでは、3つのリラクセーション法を紹介します。一緒にやってみましょう。

リラクセーション　その1.　ほんわかイメージ法

頭やこころのなかから、しばらくのあいだ、心配ごとを追い出して、静かで落ち着いた状態にします。

① （こわくなければ）軽く目を閉じて、イスにゆったり腰かけるか、床に寝そべります。
② あなたが一番、落ち着く場所や好きな場所はどこですか？　そこは安全で、いい気分になれる場所です。
③ 思い浮かべたら、そのなかでその風景を見わたしてみましょう。なにが見えますか？　どんなにおいがしますか？　もっとよく見てみましょう。
④ あなたは今、安全な場所にいて、とてもいい気分です。しばらく、そのイメージを味わいましょう。
⑤ 気持ちが落ち着いて「だいじょうぶ」と思えたら、そっと目を開けましょう。

例	あたたかな陽ざし、砂浜に打ち寄せる波の音、森のなかに漂う庄でやわらかな光、 草木のにおい、波の香り、髪をやさしくなでる風……
	好きな花の香り、せっけんのにおい、ふわふわと手触りのよいタオルケット…… そんな感覚を思い出すのもいいですね。 お気に入りの香りやハンカチを手にしてみましょう。

リラクセーション　その2.　ゆったり呼吸法

ドキドキしたとき、ハラハラしたとき、パニックになりそうなときは、ゆったり呼吸法が効果的！
いつでも、どこでも、すぐにできますよ。

① 鼻から軽く息を吸って、口からゆっくり長～く息を吐きます。
「1・2で鼻から吸って、3・4・5・6で口から吐いて……」のペースで、しばらくくり返します。
② 息を吐くときに、こころのなかで「リラックス」「だいじょうぶ」と言ってみましょう。
こころのなかの不安な気持ちを、ぜ～んぶ、息に出しながら。
③ 慣れてきたら、「ほんわかイメージ法」も一緒にやってみましょう。自分の好きな場所や落ち着ける場所を思い浮かべながら、①をくり返します。

【1-8】

リラクセーション　その3.　あったか体操

不安なときや心配ごとがあるときは、からだ全体が緊張して固くなっているものです。
お腹が痛くなってきたり、頭痛がしたり、からだがガチガチにこってしまう人もいます。
からだの筋肉をほぐして、血のめぐりがよくなって、じんわりあったかくなってくるのが感じられます。
からだがほぐれると、こころもリラックスしてきます。

① 手をからだの前に出して、こぶしをつくって、ギューッと握ります。5秒間、ギュ～。
② 5秒数えたら、一気に力を抜きます。腕もダラ～ン。力を抜くのど～んと、緩もふっ～と吐きます。
③ 腕や手のひらがじんわりあったかくなっているのを感じるでしょう？　しばらく味わいましょう。
④ 次に、肩をぐっと上げて、首をすくめるようにしてみましょう。肩が耳につくくらいに。
⑤ このまま5秒間、ギュ～ッとして、一気に肩をおとしてダラ～ン。息も、ハァ～。
⑥ 肩のあたりがじんわりあったかくなりましたか？

これを、「背中（肩甲骨を真ん中に近づけるように）」「お腹（ぐっと、へこませて背中とくっつけるように）」「両脚（つま先まで力を入れる）」……と、からだのいろいろな部分を順にゆるめていきましょう。
「顔面」にギューッと力を入れて、一気に力を抜いてポカーンとした表情をするのも気持ちいいですよ。

性器障害を受けてから、外を歩くときはいつも緊張していて、お腹が痛くなっていたの。
でも、「ゆったり呼吸法」をやると、少し落ちつきます。授業中にも、そっとやっています。

すっごくイライラしていたから、「そんなのどれも効くわけない！」って思ってたんだ。怒りはコントロールできないし、イライラしはじめたら、力んではどうしようもないくらいだったからな。
だけど、何度もやっていたら、3回に1回くらいはマシになったと感じるようになったんだ。
だれかをなぐりたくなっても、からだを一度ギュッとさせてから力を抜くと、なぐらずにすんだ。

「ゆったり呼吸法」と「あったか体操」は、いつでもどこでもできるリラクセーションです。
気に入ったものはありましたか？
もし、授業中や塾中に怖くなってきたら、席にすわったまま、やってみましょう。

リラックスするのは、簡単なようで案外むずかしいものです。
「こんなこと、わざわざ練習する必要はない」と思うかもしれませんが、実はくり返し練習することで、より高いリラックス効果が得られます。

リラックスすると、夜も眠りやすくなります。きっとよく休めますよ。

【1-9】

性的虐待など、長期間にわたる性被害を受けると、日常的な緊張や不安があたりまえになっていて、すぐにはリラックスできない（リラックスしようとすると、かえって不安になる）ことがあります。また、「こんなことをやっても、意味がない」と無力感を訴える子どもも、少なくありません。

　性被害を受けたあとはそうした気持ちになるのは当然であるという心理教育をしながら、あきらめずに少しずつリラクセーションスキルを練習していくよう励ましてください。子どもが楽しんでやれるようになることが大切です。

リラクセーションをやってみよう【1-10】

　紹介した3つの基本的なリラクセーションスキルを子どもと一緒に練習したあと、定着のためにワーク3をやります。もちろん、「ほんわかイメージ法」【1-8】をもう一度やってもかまいません。どれも、支援者が子どもと一緒にやってみて、その効果（こころやからだの感覚の変化）を話し合ってください。楽しみながらやるのがポイントです。

　また、スキルを身につけるために、子どもに「先生役」をやってもらい、支援者や保護者に教えるワークをやってみるのも効果的です。

ワーク3
リラクセーションをやってみよう

1）「ゆったり呼吸法」をやってみよう。
　①鼻から軽く息を吸い、口からゆっくり長〜く息を吐きます。
　「1・2で吸って、3・4・5・6でゆっくり吐いて」のペースで、しばらくくり返してみましょう。
　②慣れてきたら、自分の好きな場所や落ち着ける場所を思い浮かべながら、くり返します。
　こわくなければ、目を閉じてやってみましょう。
　③息を吐くときに、こころのなかで「リラーックス」「だいじょーぶ」と言ってみましょう。

2）「あったか体操」をやってみよう。
　①からだの筋肉をほぐすために、一瞬、筋肉をギューッとちぢめて、5秒間ストップ！
　②5秒たったら、一気に、からだをダラーン。
　③「肩」「腕」「お腹」「背中」「足」……など、からだのいろいろな部分を少しずつほぐしてみましょう。

つらいできごとが頭から離れなくなったら

もし、つらいできごとが頭から離れなくなったり、ボーっとして今どこにいるのかわからない感じになったときには、次の方法をやってみましょう。

● 見えるものの色と名前を言ってみる
「白いテーブル、緑の椅子、茶色い床……」というように、そのとき、見えているものの色と名前を口に出して言ってみましょう。判断せずに、目に見えたものを口にしていきます。少しずつ現実感が取り戻せるはずです（詳しくは、ステップ4の「着地法（グラウンディング）」で練習します）。

● 手を動かしたり、冷たい水で顔を洗う
手を動かしてからだに軽い刺激を与えたり、水を飲んだり、顔を洗ったりすると、スッキリします。

● 信頼できる大人と話す
あらかじめ、こころやからだが苦しくなってきたら休ませてもらえるように、頼んでおきましょう。学校の保健室で休んだり、しばらく大人にそばについていてもらったりしましょう。信頼できる大人と話すことで、落ちつくことができるでしょう。

【1-10】

アクティベーションとよい緊張のスキル

性被害を受けた子どもの多くは、不安や恐怖のために緊張が高いため、ここで紹介するリラクセーションは非常に有益です。よい睡眠や落ち着いた生活にも役立ちます。

このほか、抑うつ症状が強く、やる気が出ないとか引きこもりがちになった子どもには、無理のない程度に外での行動を増やし、活動範囲を広げていくアクティベーションも取り入れるとよいでしょう。「日中に散歩する」や「週末に祖父母の家に行く」など、外での健康的な行動を増やすことで、抑うつ感が軽減します。

また、リラクセーションとともに、勉強やスポーツの前によい緊張を高めるスキルを教えるのも役立ちます。「息をゆっくり吐く」というリラクセーションと反対に、「息をたっぷり吸い込む」ことで頭がスッキリします。登下校や外出などの際に適度な緊張感を保つことは、再被害を防ぐうえでも役立つ安全スキルになります。子どもがうまくリラックスと緊張を調整できるようにサポートしてください。

⑤　目標づくり

　ステップ1の最後に、今後の取り組みにおける子どもの目標づくりをします。過去のいやなできごとや、今のつらい状態にばかり目が向いている子どもにとって、プログラムを終える頃の近い将来について考えてみることは、前向きな態度につながり、希望をもたらします。また、将来についての不安を支援者と共有することで、これから一緒に取り組んでいく気持ちを高めることもできます。

▶▶ 学習の進めかた ◀◀

ワーク4 　目標をたてよう 【1-11】

　あまり大きな目標にせずに、プログラムで練習できることを目標にするのがおすすめです。子どもが描くイメージを共有しながら、子どもと一緒に目標を決めてください。

　セッションのなかで子どもが思いつかないときは、ホームワークにして、保護者（養育者）にサポートしてもらいながら目標をたててもかまいません。あくまでも、子ども自身が「こうなりたい自分」を具体的にイメージすることが大切ですので、子どもの考えを尊重してください。

　トラウマを解消するといった大きな目標ではなく、現在、困っていることが軽減するとか改善するといったあたりの目標のほうが、『マイ ステップ』終了後の達成感が

得られやすいでしょう。『マイ ステップ』を終えてからの長期的な目標は、ステップ7でたてられます。

　各ステップの末尾には、学習の定着のための「○×クイズ」と「ホームワーク」が用意されています。

　「○×クイズ」によって、各ステップで学んだ内容に関する子どもの理解度を確認することができます。解答を記入するだけでなく、支援者とのやりとりをしながら、子どもが性暴力にまつわるさまざまなことを、あまり緊張せずに話せるようになっているかどうかに注目してください。正解できたり、具体的に話せるようになっていたら、存分に子どもをほめましょう！ 知識としては簡単なレベルのクイズですが、子どもが性暴力に関する話題に触れることは容易ではありません。楽しい雰囲気のなかで、性暴力やトラウマについて話しあえる体験をすることで、子どもは性被害について「話していいんだ」と実感できるようになります。

　また、「ホームワーク」は子どもがスキルを身につけ、身近な支援者である大人と学習内容を共有するための課題です。詳細さや正確さを求めるよりも、前向きに課題に取り組もうとする姿勢をほめてください。

　子どものなかには、施設で生活していて、宿題をやるのに施設職員の協力が必要な場合もあるかもしれません。このように、子どもの生活状況や能力によって、必要な配慮があるはずです。ホームワークで親、里親、施設職員や教員等の協力を得る場合には、これらの課題はあくまでもカウンセリングの一環であり、子どもがカウンセリングで取り組んだ課題をほかの人に見せるかどうかは、子どもが決めるものであることを伝えておくとよいでしょう。カウンセリングで話したことや記入したものは、子どもの境界線（ステップ2参照）に含まれるため、子どもの許可なく見たり、第三者に話したりしてはいけません。

 ## ホームワーク

　子どもの身近な支援者である大人と一緒に、基本的な3種類のリラクセーションを練習します【1-12】。子どもが「先生役」となって大人に教えながら練習すると、スキルがより定着しやすくなります。

　それぞれのリラクセーション法について、3回分ずつ記録を記入する欄を用意していますが、すべて埋まらなくても1回でもやれていたなら、次のセッションでじゅうぶんにほめてください。「やろうとした」というだけでも、その姿勢を認めましょう。また、やってみてよかったことや不満がないか、聞いてみましょう。

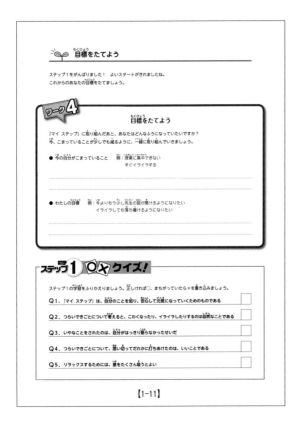

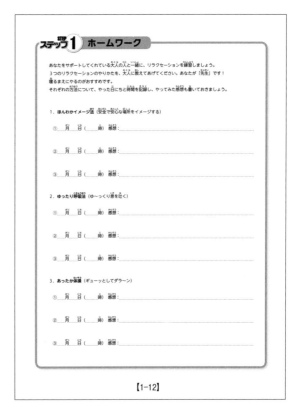

【1-11】

【1-12】

 ## ステップ1のまとめ

　ステップ1は、子どもが支援者と一緒に『マイ ステップ』に取り組んでいくための、最初の協働作業です。自己紹介を通して、支援者に対して安全感や信頼感を寄せ、子どものやる気が高まることが望まれます。

　「どうして、この課題をやるのか」を子ども自身が納得し、主体的に学習に取り組めるように、ステップ1では性暴力に関する心理教育をおこないました。さまざまな事例を読み聞かせながら、子どもが「たしかに、性暴力は自分に影響を与えている」「忘れようとする以外の方法を試す価値があるかもしれない」と思えるようにサポートしていきましょう。リラクセーションスキルも、今後のセッションのなかで積極的に使っていきましょう。

自分のからだは
自分だけの大切なもの

ステップ**STEP2**

性暴力の被害を受けた子どもたちは、自分の身に起きたことがいったいなんだったのか、ふつうのことなのか悪いことなのか、自分のせいで起きたのか……さまざまなことを理解できずにいることがよくあります。

——こんなことを体験したのは、自分だけなのかも……。

——自分がおかしいから、自分が悪い子だから、こんなことが起きたのかもしれない。

——自分は「ふつうじゃない」ことをしちゃったんだ。だれかに知られたらどうしよう。

——ほかの人に知られたら、きっと「変なやつ」って思われる。恥ずかしくて生きていけない。こんなこと、だれにも知られたくない！ 絶対にだれにも言えない。

——大人に知られたら、きっとひどく怒られて、責められるにちがいない。

こんなふうに、被害体験を自分のなかで消化しきれず、なぜこんなことが起きたのかわからない（合理的な理由が見つからない）ために、子どもは「きっと、自分が悪いのだ」「わたしが、なにかまちがっているんだ」と思うようになります。自分がおかしい、恥ずかしいといった気持ちから、できごとをほかの人に知られることに恐怖や強い不安を感じている場合が少なくありません。

性暴力被害が明らかになり、支援を受け始めた子どもであっても、多かれ少なかれ、こうした混乱や自責感、不安を感じていることが多いものです。

ステップ2『自分のからだは自分だけの大切なもの』では、「性暴力」がいったいどういうものであり、なぜ被害者がそれほど混乱してしまうのかを理解するために、安心・安全な生活を送るうえで社会で大切にされている「ルール」を学習します。

自分と他人を守る社会のルールの学習を通して、「だれがルールを破ったのか」が納得しやすくなり、「被害を受けたのは自分のせいではなく、相手の行動がルール違反だったのだ」とわかります。正しい知識を学ぶことが、子どもの自責感や混乱の低減に役立ち、再被害を防ぐ手立てにもなります。

1 境界線のルール [2-1,2]

　境界線（バウンダリー）とは、**個人の安心・安全を守るために、人のからだや持ちもの、気持ち、行動の周囲に引かれている目に見えない線**のことです。境界線は、生まれつき身につけているものではなく、人が育つなかで、周囲の人が自分やほかの人をどう扱うかを見聞きしながら学んでいくものです。境界線とは、いわば社会性をもった人としての「ふるまいかたのルール」なのです。

　社会にあるルールとしては、法律や条例、町内会の規則や校則など、きちんと明文化されたものもあれば、文化として風習や約束ごとが伝承されているものもあります。人と人が関わるうえでも、お互いのからだの距離や接触の可否、声の大きさや話の内容、服装など、社会で期待される適切なマナーがあります。こうしたマナーは、子どもが成長するなかで、人と接しながら徐々に学び、身につけていくものです。

境界線の発達

　境界線は、子どもの発達とともに変化します。母親の胎内では、物理的にも心理的にも母子は一体化しています。母親の摂取した栄養や体験したストレスは、直接的に胎児に影響します。出産により、母親と子どもは物理的に分離し、社会的にも別々の人格となりますが、心理的にはまだまだ境界線は曖昧です。子どもの空腹や不快は、母親や養育者が気づき、満たしたり、なだめたりします。

　子どもの成長に伴い、子どもは自分の好みや意見を主張するようになります。次第に、母と子の境界線がはっきり分かれてくるのです。やがて、個としての自我が確立し、子ども自身の心理・社会的な境界線ができあがります。そのため、養育者は、子どもの発達に応じた境界線を尊重することが求められます。

　境界線は、以下の3つに分類できます。

① 物理的境界線
自分のからだや持ちものを守る境界線です。

　この境界線は、生命の安全にも関わるため、子どもが幼い時期から教えられます。例えば、家庭でも子どもが動けるようになったらすぐに、勝手に触ってはいけないもの（危険なものや貴重品、大人の仕事道具など）や、ひとりで行ってはいけない場所（危ない場所、よその家、お店など）を教えるでしょう。保育所や幼稚園でも、ほかの子どもが使っている玩具を使いたいときは、いきなり奪い取るのではなく、「か・し・て（貸して）」と言って頼むのがマナーであると教えられます。幼い子ども同士で、もっとももめごとが起こりやすいのが、この物理的境界線をめぐるやりとりですが、そばにいる大人が一緒に頼

んだり、謝ったりして、見本を示しながら境界線を尊重することを教えていきます。

　幼児期は、ほかの人との距離が近く、からだを寄せ合うことが多い時期です。そのため、境界線を侵害したことによるトラブルが起こるたびに、「叩かないの」「噛んじゃダメ」「押さないでね」と、からだの境界線にまつわるルールを教えていきます。

　一般的な物理的境界線のルールは、成長するにつれて理解できるようになりますが、実際には、物理的境界線は人によって異なり、お互いの関係性やその時々の気分によっても変化します。例えば、知らない人やあまり好きではない人であれば、距離を遠く保たないと不安になりますが、仲のよい友だちや家族であれば、くっついても平気かもしれません。相手に腹を立てているときは「近くに寄るな！」と思うこともあるでしょうし、逆に、自分が不安で慰めてほしいときは「側にいてほしい」と望んだりします。

　また、だれでも自分のもの（ゲーム、カード、携帯、部屋、家など）を守りたいという気持ちはありますが、「自分のものは、絶対だれにも触らせたくない」「自分の部屋には立入禁止！」と思う人もいれば、「仲のよい友だちや親ならかまわない」と思う人もいます。また、「ふだんはいいけれど、ケンカしたあとは、絶対に触らせたくない、入らせたくない」と思うこともあるでしょう。さらに、思春期になると、親が自分の部屋に入ったり、持ちものを触ったりするのをいやがるなど、発達に応じて物理的境界線は変化していきます。

　このように、物理的境界線は**相手との関係性や、その時々の本人の気分（心理的状態）によって変化するもの**です。

物理的境界線は、子どもが幼いときから具体的に教えられて、身につけていきますが、残念ながら、からだのプライベート・パーツに関するルール（p. 68以下参照）は家族ではっきり教えられていないのが実情です。

② 心理的境界線

心理的境界線とは、**こころや気持ちを守る境界線**です。

なにが心理的境界線の侵害になるかは、人によってさまざまです。例えば、太っていることを気にしている子にとっては、体重は聞かれたくないことでしょうし、思うように勉強ができない子にとっては、テストの点数は秘密にしておきたいことかもしれません。100メートル走のタイムも、足が遅いのがコンプレックスである子にとっては、聞かれたらつらい事柄でしょう。

また、家族や友だちのことで、話したくないようなつらい思い出があるとか、触れられると不安や悲しみがよみがえるような体験がある子にとっては、それもまた安易に話題にされると、「こころに土足で踏み込まれた」ように感じるでしょう。

このように、聞かれたくない、話題にしてほしくないと思うのは、そこに心理的境界線があるからです。たいていは、会話をしているときの相手の態度（つらそうな顔をしたり、話をそらしたり、怒り出したりするなど）から、心理的境界線を踏み越えてしまったと気づきます。ですが、そうした非言語的なメッセージを捉えるのが苦手な人は、何度も相手の心理的境界線を侵害してしまうことがあります。

心理的境界線も、**相互の関係性がどのようなものか**、また、**相手がなんのために聞いているのかが納得できるかどうか**によって変わってきます。子どもにとってつらかった被害体験についても、相手が信頼できる人で、自分でも「それを話すことが回復につながるのだ」と納得できれば、心理的境界線を開いて語ってくれるでしょう。

③ 社会的境界線

社会的境界線とは、**社会的なルールやマナーで規定された境界線**です。たいていは明文化されていますが、風習やエチケットのようにはっきりと文章化されていないものもあります。これも、人が安心・安全に暮らすうえで大切なルールです。

例えば、日本では自動車は道路の左側を走ることになっています。このルールがなかったら、どこから自動車が走ってくるかわからないので安心して道も歩けません。ほかにも、ペットボトルの回収日に生ゴミを出していると、みんなの迷惑になってしまいます。

茶道などの伝統文化では、茶室への入りかたや座りかた、お茶のいただきかたに至るまで、実に細かな手順が決められています。武道の場合は道場への出入り、野球やサッカーではグランドへの出入りの際に、一礼をすることが定められているなど、見えないけれどもそこに境界線があることを意識させて、精神的なモードを切り替えたり、日常との切り離し（ふだんの生活と別のルールが機能する場であること）を促したりする意味もあります。

ルールについて、「押しつけられる感じ」や「きゅうくつ」だというイメージのある子どもには、子どもの好きな活動（ゲームやスポーツなど）でルールがなかったらどうなるかを聞いてみましょう。きっと「そんなの、つまらない（ズルばっかりする人がいる、メチャクチャになる、達成感がない）」と答えるはずです。「そう、ルールがあるから楽しく遊べるんだね」と、ルールのポジティブな意味や役割を説明してください。

　このように社会的境界線は、**多くの人が安心して、安全に生活するために決められているもの**なのです。

▶▶ 学習の進めかた ◀◀

　解説にあるように、子どもにとってなじみのある例を用いながら、境界線の概念を伝えましょう。

　ただし、幼い頃から虐待を受け続けるなど、混乱した状況で生活してきた子どものなかには、境界線の概念をすぐには理解できず、教えられても納得できない子どももいます。「家にはそんなルールはなかった」とか「ルールなんてだれも守っていない」と言う子どももいるでしょう。ルールがあるのが「正しい」という言いかたをすると、子どもは自分の生育環境が「まちがっていた」と思い、恥の気持ちや抵抗感をいだいてしまいます。境界線は学んでいくものですから、これまでの子どもの体験や気持ちをよく聴きながら、一緒に考えていく前向きな姿勢を示すようにしてください。

　また、**性暴力被害を受けたことによって、境界線が混乱する場合が少なくありません。**「境界線が破られると、だれでも混乱して、人との境界線がわからなくなることがある」と伝えてください。

　3つの境界線について理解を深めるために、ワーク1〜3【2-3】に取り組みましょう。解説で挙げた例を参考にして、子どもが育った環境を考慮しながら、子どもが「たしかに境界線はある」と実感できるように、工夫しながら進めてください。

ワーク1 ──自分の「境界線」を探してみよう [2-3] ─────────────

自分の物理的境界線を感じるためのワークです。

相手との距離を測る際に、近づいていく役をとった子どもが、相手から「ストップ！」と言われて、「拒否された（きらわれている）」と感じないように注意しましょう。とくに、相手との距離がまだ遠いときに「ストップ！」と言われると、「自分はこんなに離れていないといけないんだ」と感じてしまうかもしれません。ただ距離を測るのではなく、例えば、「自分より体格の大きい人が近づいてきたらどう？」とか「同性だったら？ 異性だったら？」など、相手のちがいによって、物理的距離が変わるかどうかを感じられるように、ワークを進めるのもよいでしょう。

なかには、完全にくっつくほど接近しても「平気」「全然、気にならない」と言う子どもや、逆に、少しでも近づこうとすると「無理」「こわい」と不安になる子どもがいます。そうした子どもの感覚自体は尊重し、「そうなんだね」と受け入れながら、一般的に、人はどの程度の距離を保つことが多いかを説明しましょう。通常は、友だち関係であっても、**「片腕を伸ばした距離」が適切**だといわれています。「2歩離れる」という説明もわかりやすいです。こうした一般的な距離感を教えてから、再び、ワーク1をして、自分の物理的境界線が一般的な距離と比べてどうかを感じてもらうのもよいでしょう。

このほか、幼い子どもには、フラフープを使って、自分の腰のあたりでフラフープをもった距離を境界線として体感させたり、大きなシャボン玉のなかに入っているイメージを用いたりするのも役立ちます。「お互いのシャボン玉を壊さないように、そっと近づこうね」と説明すると、相手との距離を理解しやすくなります。

ワーク2 ──聞かれたくないこと [2-3] ─────────────

自分の心理的境界線を感じるためのワークです。

「人から聞かれたくないこと、触れられたくない話題」として、性暴力被害のことを挙げる子どもがいるかもしれません。まずは、それはもっともなことだと子どもの意見を尊重し、「それだけ、いやなできごとだったんだね」と共感を示します。そして、改めて「どうして、カウンセリングでは性暴力のことを考える必要があるのか」を子どもと話し合いましょう。

大切なのは、支援者と子どもが、どういう目的で、なんのために気持ちを聴いているのかを、お互いによく理解して納得できていることです。『マイ ステップ』に取り組む前に、「どうしてこの学習をおこなうのか」というワークの目的を双方がじゅうぶんに理解している必要があります。

きまりは守られている？ [2-3]

社会的境界線を感じるためのワークです。

　子どもが暮らしている家庭、施設、学校、地域には、いろいろなルールがあります。そうしたルールを守らない人がいると周囲はどんな気持ちになるか、子どもがあまり不安にならずに考えられるように、今まさに起きている生活上の問題とは少し離れた例を挙げるのもよいでしょう。

学んでいない境界線はわからない

　日本のほとんどの家屋は、靴を脱いであがるようになっています。ですから、どれだけ建物がバリアフリーになっていても、「ここかな？」と思うところで、だれでもちゃんと靴を脱いで室内に入りますし、わからないときには、「どこで靴を脱げばよいですか？」と尋ねます。ですが、日本の文化を知らない外国人であれば、そもそもそこに境界線があることすら考えもしないため、土足のまま部屋にあがろうとするか

もしれません。それは、悪気があってやったことではなく、たんに境界線があるということを知らないだけです。

　これと同じことが、幼い頃から境界線を教えられず、自分の境界線も守ってもらえなかった子どもにも起きているのです。「なにやってるの！」「ちゃんとしなさい」と怒るのではなく、社会生活に求められる境界線をわかりやすく教えていく姿勢が求められます。

② 境界線を通して「暴力」について考える [2-4]

　境界線（バウンダリー）は、人の安心・安全を守ってくれるものです。**境界線を越えるときには、必ず相手に断りを入れたり、注意を促したりして、相手も了解したうえでおこなう必要があります。**

　例えば、だれかの家を訪問するときには、まず、呼び鈴を押して、相手の許可を得たうえで、相手がドアを開いて招き入れてくれるのを待ってから室内に入ります。他人の物を借りるときには、「貸して」と頼んで、「いいよ」と許可を得てから手を伸ばします。

　また、相手にプライベートなことを聞くときには、「失礼ですが」と断ったり、なぜその情報が必要なのかを説明してから尋ねたりします。あるいは、まずは自分のことを話したうえで、相手の話を促したり、相手が自分から話してくれるのを待ったりします。

　自動車が駐車中の車を避けるために、やむを得ずセンターラインから右側にはみ出るときには、ウィンカーで周囲の人や車に知らせます。

　なぜ、こんなことをするかというと、**いきなり境界線を無視するような言動をとること**

によって、まわりの人を混乱させたり、不安にさせたりすることを避けるためなのです。相手に、断りを入れたり、理由を説明したり、サインを送ったりすることによって、相手は「これから〜をするのだな」と理解し、準備します。不都合があれば断ればよいので、トラブルを回避することができます。こうして、お互いが納得したうえで境界線を一時的に開放したり、ゆるめたりすることで、安心・安全なやりとりができるのです。

　一方、**なんの断りもなく、いきなり境界線を破るような言動をとることは「暴力」**になります。突然、境界線が侵害されたと感じたほうは、急に安全が脅かされたことにより、不安が高まります。その結果、怒って攻撃してきたり（「なにするんだ！」とどなる、とっさに近づいてきた手をふりはらうなど）、恐怖から関係性を遮断したり（逃げ出す、関わらないようにするなど）、混乱してパニックに陥ったりする（びっくりして動けなくなってしまう、泣き出してしまうなど）ことがあるのです。

　人それぞれ境界線は異なるため、自分はかまわないと思う言動であっても、相手は安全を脅かされたと感じ、不快感や怒りを覚えることがあります。逆に、相手は気にしないことでも、自分はいやな気持ちになる場合もあるでしょう。

　大切なのは、お互いに相手の境界線を大切にすることです。そして、**自分の境界線が侵害されたときには、「わたしの境界線はここです」と相手に伝える、つまり「そんなことをしないで（言わないで）！」とはっきり言うことも大切**です。自分の境界線が無視されているとか、侵害されていると感じたならば、相手に言うか、**だれかに相談して助けても**

らうこともできると子どもに伝えましょう。

　虐待や性暴力の被害を受けた子どもは、自分の境界線を大事にする方法を知らなかったり、ほかの人の境界線を尊重するにはどうしたらよいかわからなかったりすることがあります。自分の境界線の守りかたを身につけていないと、さまざまな被害にあいやすくなってしまいます。しかし、なかには、自分の境界線を守る権利があるということすら知らない子どももいるでしょう。こうした子どもが境界線の概念を獲得していくには、**生活のなかで、まわりの大人がお互いの境界線を尊重しているモデルを見聞きしながら、自分の境界線を大切にしてもらえる体験を積み重ねていくしかありません。**

▶▶ 学習の進めかた ◀◀

　年齢や知的な能力によって、境界線の概念が漠然としか理解できない子どももいますが、どんな子どもでも、学校や社会のなかでなんらかの境界線に触れているはずです。性暴力被害のほかにも、自分の境界線を侵害されて、安心や安全が脅かされ、腹を立てたり、悲しくなったり、悔しくなったりした体験は、だれにでもあるものです。また逆に、ほかの人の境界線を侵害して、相手を怒らせたり、泣かせたり、ケンカになってしまったり、大人から注意された経験もあるでしょう。そうした体験を子どもと共有しながら、「それが境界線だよ」と教えます。

　自分の境界線を侵害された体験と、自分が人の境界線を侵害してしまった体験のうち、比較的扱いやすいもの（話しやすいもの）について、子どもに話してもらいましょう。実体験にもとづく話し合いをすることは、境界線の概念を理解するのに役立ちます。

ワーク4 ──人の境界線を大事にした体験、大事にできなかった体験 [2-4]──

　だれでも、一度や二度は、人の境界線を侵害してしまったことがあるはずです。ワーク4では、自分がまわりの人の安心や安全を壊さないように気をつけて行動できたことと、まわりの人の境界線を破ってしまったことの両方を考えます。

　このワークによって、子どもがどの程度、境界線の概念を理解できているかもわかります。

ワーク5 ──自分の境界線を大事にしてもらった体験、大事にしてもらえなかった体験 [2-5]

　ワーク5は、他の人が自分の境界線を大事にしてくれているのは、どういうときか、また逆に、自分の境界線を大事にしてもらえないのはどういうときかを考えます。さらに、こうしたときにどんな気持ちになったかをふりかえることで、改めて、境界線が安心感や安全感を守るものであるということを確認できます。

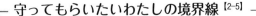

ワーク6

守ってもらいたいわたしの境界線 [2-5]

　境界線は流動的なものですが、子どもが周囲に尊重してもらいたい自分の境界線を考えます。なかには、自分の境界線を主張してもよいのだということを知らない子どももいるので、ワーク6は、自分自身を守るために大切なことを主張する練習になるでしょう。子どもが言いやすいところから開始します。声に出して言う練習をすることで、境界線を守ろうとする行動をとるとどんな気持ちになるか、子どもと共有してみましょう。スッキリするのか、相手に悪いような気持ちになるのか、恥ずかしいのか、不安になるのかなど、子どもの気持ちを聴きながら、「どうしてそんな気持ちになるんだろうね？」と尋ねてみましょう。

　その際、子どもが語ったことを「そんなふうに感じるのはおかしいよ」などと否定したり、「そんなふうに思う必要はないんだよ」と説諭したりするのではなく、「そうか、『言ってもどうせムダ』って思うんだね」「はっきり言うと、『相手にきらわれちゃうかも』って心配になるのね」などと、子どもの意見をそのまま受けとめましょう。そして、「このことは、また後半のステップで一緒に考えようね」と保留にし、ステップを進めます。ステップ3と5で感情や思考（考え）を学習し、ステップ6で「うまく気持ちを伝える方法〜アサーション〜」を学び、練習していきます。

自分の境界線を守れない子ども

　虐待的な環境で育つなど、絶えず境界線を侵害されてきた子どもや、境界線の侵害を受けたときにまったく抵抗できなかった子どものなかには、自分の境界線を主張することができず、繰り返し被害にあってしまう子どもがいます。

　境界線に関するワークは、こうした子どもが「境界線を主張してもいいのだ」という感覚をもてるようになるのに役立ちます。自分がしてほしくないこと、むやみに聞いてほしくないことなど、本当はいやだと思っていることを、子ども自身が自覚できるようになるからです。

---

③ ## 境界線を通して「性暴力」について考える [2-6]

　性暴力とは、突然、断りもなく、あるいは本人がいやがっているサインを無視して、**物理的境界線、心理的境界線、そして社会的境界線を同時に侵害する行為**です。

「これ以上、近づかないで」「触らないで」「見ないで」というラインを越えているために、物理的境界線を無視しています。また、「つらい思いをさせられる」というふうに、

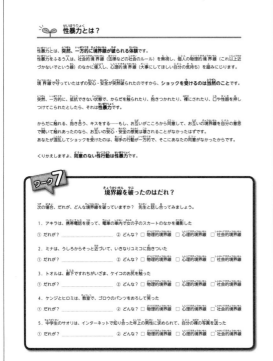

【2-6】

心理的境界線も踏みにじっています。当然、社会的なルールや法律といった社会的境界線も破っています。

　被害にあった子どもは、本来、境界線によって守られている「安心・安全」が脅かされたわけですから、ショックを受けるのは当然です。人や動物は、急激に「不安・危険」が高まると、闘う（Fight）、逃げる（Flight）、凍りつく（Freeze）のいずれかの反応を示します。性暴力は子どもを混乱させるので、多くの子どもは「凍りついて」しまいます。ですから、加害者に対して抵抗したり、その場から逃げたりできなくても、それは当然な反応であって、被害者の過失ではありません。

　性行動は、身体的にも心理的にも、非常に侵入性が高い行動です。お互いが納得や合意のうえで、安心感と安全感を保ちながら、双方の境界線を開きあって近づいていくのであれば、必要以上に不安が高まることはありません。ですが、突然、無理やり、一方的に、あるいは抵抗できない状態で、からだに触られたり、抱きつかれたり、裸にされたり、口や性器を押しつけられたら、それは深刻な暴力となります。

　性暴力について境界線の観点から学ぶことで、「だれが境界線を侵害したのか」が明確になります。子どもが、**境界線を侵害したのは加害者のほう**だということが理解できれば、自分が抵抗できず、混乱してしまったのはあたりまえだと納得しやすくなります。それによって、自責感や不安にさいなまれずに、自分の身に起こったことを落ち着いてふりかえりやすくなります。

▶▶ 学習の進めかた ◀◀

──境界線を破ったのはだれ？ 【2-6】

　性暴力や悪いタッチにあたる例をひとつずつ取り上げながら、境界線を破ったのはだれであるかを、子どもと一緒に考えます。境界線が侵害されたときの気持ちを基準に、だれがいやな思いをしているかを考えます。

　それぞれの例について考えるだけでなく、境界線という概念から、みんなが安心・安全に生活するために大事にしたいことはなにか、なにが守られていないと不安に感じるかなど、子どもが日常生活で体験したことへ話題を広げていけるとよいでしょう。

近年、子どもの被害が増えているインターネット性犯罪についても、例題に挙げています。子どもの体験や身近で見聞きしたできごとなどを尋ねてみましょう。

　インターネットに接続して、相手とのやりとりを開始したのは、たしかに子どものほうかもしれません。しかし、画面の向こうには、そうした子どもを待ち受けている加害者がいます。加害者は巧みに子どもの警戒心を解きながら、子どもが求めているもの（関心や注目、賞賛、ときには金銭や泊まれる部屋など）を与え、子どもを自分の意のままにしようとするのです。そして、子どもに下着姿や裸の写真を送るように頼んだり、外に誘い出したりします。はじめは自分から写真を送ったり、会いに行ったりした子どもも、それらを脅しの材料とする加害者には、とうてい太刀打ちできません。そして、次第に深刻な被害に巻き込まれてしまうのです。

　ところが、子どものほうは性暴力を受けても、「自分からアクセスした（メールや写真を送った、会いに行った）のだから、自分が悪い」と考えてしまいがちです。また、実際に周囲からも「いかがわしいサイトにアクセスした子どもが悪い」「知らない人に会いに行って性被害にあうなんて、自業自得だ」と責められたりします。

　どんな状況であれ、子どもを相手にして社会的境界線を破り、子どもの物理的境界線や心理的境界線を侵害したのは、加害者のほうです。自責感にとらわれている子どもには、こうした境界線の学習に加え、次の「本当の同意」について学習することも役立つでしょう。

インターネット性犯罪

　インターネット上で知り合った相手といつもやりとりをしていると、相手が見知らぬ人だと思えなくなります。また、コンピューターの匿名性に加えて、自分がネット上でやりとりをしている相手とはずっと離れたところにいると思うことで、無敵の気分になってしまいます。だからこそ、なんの心配もなく境界線をゆるめて、ふだんなら言わないようなことまで言ったり、書き込んだりしてしまうのです。

　インターネット性犯罪者は、ジョークを交えながら、子どもの活動に注目し、賛辞や関心を示し、ゆっくりと段階を踏みつつ、子どもの反応を見ながら計画的に近づいてくるのです。

　参考：メイザー , C.L. (2015)『あなたに伝えたいこと』「第3章　インターネット性犯罪」

4 **本当の同意** [2-7]

性暴力を受けた子どもがショックを受けて混乱したのは、加害者の行動が一方的なものであり、子どもがこころから納得や同意をしたうえで自分の境界線を開いたわけではないからです。では、こころから同意する、つまり**本当の同意**には、どんな条件が必要なのでしょう。

本当の同意という概念も、性暴力が起きた状況を見直し、被害を受けた子どもの自責感を軽減するのに役立ちます。

本当の同意とはなんなのかを理解するために、まず、**同意のない対人関係**について考えていきます。

対人関係の３つの種類のコミュニケーションを示し、強制（無理強い）、言いなり（服従）と比較しながら、同意のある関係性の特徴を理解していきましょう。

１）３つのコミュニケーション [2-7]

① 強制（無理強い）

強制（無理強い）は、**圧力（プレッシャー）を用いた対人操作**です。無理やりなにかをさせたり、命令したりして、相手を従わせるやりかたは、多くの子どもにとって身近で、よくあるコミュニケーションのタイプです。

強制とは、だれかを自分の思い通りにするために、計略（だます、はめること）、権力（なんらかの力やパワー）、地位（立場や上下関係）、脅し（こわがらせる）、わいろ（ものや特典を与える）、薬物・アルコール（相手に気づかれないように摂取させる、酔っている状況を利用する）などを用いた手段すべてをさします。自分の思うように人を動かすために、なんらかのパワーを行使することです。

強制は、暴力そのものです。強制的になにかをさせられたり、されたりすると、だれでも、不安、恐怖、怒り、無力感といった気持ちをいだきます。

② 言いなり（服従）

言いなり（服従）は、**どこか納得できない、本当はいやだと思いながらも、断ったり、逃げたりできずに、相手に従わざるをえないこと**をいいます。

言いなりになってしまうのは、もし相手に逆らえば、もっとひどい目にあうかもしれないと心配しているためかもしれません。あるいは、相手がそれまで尊敬していた人（先生やコーチなど）、いつも仲よくしてくれていた人、自分によくしてくれた人であれば、「応じなければ、もう相手に大事にしてもらえないかもしれない」と不安に感じて、断れなくなることもあるでしょう。

言いなりは、表面的には、被害者がひどくいやがっているようにみえないため、相手か

らも第三者からも、同意があったと誤解されやすいものです。子ども自身も、「自分が断らなかったからいけなかったのだ」と、自分を責めてしまいがちです。ですが、断ったらよけい悪い結果になるのではないかと不安になる状況だったのであれば、それは本当の同意とは異なります。

この概念を学ぶと、自分自身のことだけでなく、ほかの子どもの気持ちや身近な人間関係についても、より敏感になることができるでしょう。

③ 同意

同意とは、**お互いが相手を思いやり、状況を正しく理解したうえで、その行動に納得している状態**をいいます。あらゆる健康的な関係、とりわけ性的な関係には、お互いの同意はなくてはならないものです。同意のうえでの性行動であれば、その最中やあとに、不安や怒り、悲しみ、後悔、混乱といった否定的な気持ちが生じることは少ないはずです。

本当の同意が成立するには、次のような条件がすべてそろっていることが必要です。子どもが体験した性暴力には、どの条件が欠けていたかを考えてみましょう。

2）本当の同意に必要な条件 [2-7]

① お互いが、気持ちのうえでも、理解力の面でも、対等であること

性暴力では、お互いの気持ちは対等ではありませんし、大人と子どものように、あるいは子ども同士であっても、両者の関係は対等ではありません。年齢差、体格差、知的能力の差など、両者にはなんらかのパワーの差があるでしょう。

また日本の法律では、性的同意年齢に達していない子どもへの性的行為はすべて違法となります（p.5参照）。養育者から子ども、あるいはきょうだい間も、対等な関係ではないため、性的虐待等とみなされます。また、成人が未成年者に性的行為をすることは、青少年保護の観点から条例違反であると規定している都道府県がほとんどです。

お金や品物を受け取るのと引き換えでおこなう性行為にも、そもそも対等性はありません。

② お互いに、相手を大切に思う気持ち（誠意）があること

加害者は、子どもに「かわいい」「愛してい

【2-7】

る」「大切に思っている」などと言いながら性暴力をふるうかもしれません。でもこれは、子どもを本当に大切にしている誠意ある態度ではありません。加害者が自分本位な欲求を満たすための「グルーミング（手なずけ行動）」（p.7参照）としての言葉にすぎないからです。

　子どもはだれでも、大事にしてほしい、かわいがってほしいと願っています。そのため、本当は自分の気持ちに反したことであっても、「わたしのことを特別にかわいがってくれるんだ」と自分に言い聞かせて応じてしまうことがあるのです。しかし、本当に相手が子どものことを大切に思っているなら、性暴力などふるわないはずです。

　また、ティーンズ同士であっても「セックスをしたい」という思いだけに引っ張られて、相手を大切にしたいと思う気持ちが欠けていると、たとえそのときは応じてくれても、あとで悲しみや怖れ、怒りの気持ちを感じさせることになりかねません。

③ お互いのことをよく理解していること

　ここでいう「理解」とは、たんに「知っている」ということではありません。お互いの価値観や信念、大切にしていること、思いや気持ちを分かちあうプロセスがあってこそ、理解は深まるのです。

　本当にお互いを理解し合う関係があれば、同意のない性行動など起こらないはずです。

④ 同意しなかったり、断っても、相手から罰や危害を加えられたり、不機嫌になって攻撃される心配がないこと

　「相手の言うとおりにしないと、嫌われるかもしれない、相手が不機嫌になったり、怒り出すかもしれない」と思うと、「いやだ」と言うのはむずかしくなるでしょう。まして「断ったら暴力をふるわれるかもしれない、もしかしたら殺されてしまうかもしれない」と子どもが感じたなら、「それよりはマシ」と思って、相手の言いなりにならざるをえないはずです。

　拒否されたり、危害を加えられることを怖れる被害者は、加害者からは、抵抗もなく素直に言うことを聞いているようにみえるかもしれません。ですが、本当に同意して応じているわけではないのです。加害者が「相手もいやがっていなかった」と自分の行為を正当化する言い訳をしたとしても、「それは同意ではない」と子どもや周囲が理解できることが大切です。

⑤ その行為をしたら起こるかもしれないことを、お互いが本当にわかっていること

　最初は不安や怖れがなかったとしても、「こんなことまでされるとは思わなかった」とか「あんなに何回もされるなんて」という不満や怒り、混乱や後悔の気持ちが残るようであれば、ふたりのあいだに対等性はなかったといえます。性的な行為に興味があったとしても、行為に痛みが伴うことや、その結果として望まない妊娠や性感染症が起こりうるこ

となどをじゅうぶんに理解できていたでしょうか。たとえ、最初は同意のうえで始めた性的な行為でも、どちらかが拒否した時点で、双方の同意はなくなります。「最初に『いいよ』と言ったから」「以前は OK だったから」といっても、本当の同意に必要なのは、「今、どうしたいか」という本人の意思なのです。

　成人との性行為に「同意していた」「自分も望んでいた」と思う子どももいるかもしれません。しかし、成人の行動が性犯罪や条例違反とみなされて、子どもの側も「被害者」として事情聴取を受けたり、自分が施設に保護されたりする可能性があることなど、まったく予測していなかったかもしれません。

▶▶ 学習の進めかた ◀◀

　「本当の同意ってなんだろう」【2-7】の内容を説明してから、どの程度、子どもが理解しているかをワーク8【2-8,9】で確認します。このワークでは、性行動に限らず日常的な場面を取り上げており比較的わかりやすい例ばかりですので、取り組みやすいでしょう。

ワーク8

本当の同意はあるかな？

次の例には、本当の同意があるといえるでしょうか？　そう思うのはなぜですか？

1. 中学校3年生のケンは、小学校5年生のトモコに、「100円貸して」と言いました。トモコはお母さんから、お金を貸したり借りたりしてはいけないと言われていましたが、もし断ったら、ケンが怒るかもしれないと思い、「すぐ返してね」と言って、100円玉を渡しました。
   ① ふたりのあいだに、本当の同意はありましたか？　[ある ・ ない]
   ② そう思うのは、どうしてですか？

2. 学級委員をしているユキは、成績もよく、運動もできるし、男の子にももてるクラスの人気者です。文化祭で劇をすることになったとき、ミズホはユキから、「じゃあ、ミズホは魔女の役ね」と言われました。ミズホは本当は小人の役をやりたかったけれども、言い返せず「うん、わかった……」と答えました。
   ① ふたりのあいだに、本当の同意はありましたか？　[ある ・ ない]
   ② そう思うのは、どうしてですか？

3. カズキは、同じクラスのアキラに、「ゲームソフト貸して」と言われました。そのゲームソフトは、カズキが今やっている最中だったので、「今はだめ」と言いました。でも、アキラから、「おまえ、俺の言うことがきけないのか！」と言われ、仕方なく渡しました。
   ① ふたりのあいだに、本当の同意はありましたか？　[ある ・ ない]
   ② そう思うのは、どうしてですか？

【2-8】

4. 中学校2年生のヨウコは、1歳年上のボーイフレンドがいます。ある日、ふたりで遊びに出かけた帰り道に、ヨウコは、彼から「手をつないでもいい？」と聞かれました。ヨウコは、恥ずかしい気持ちもあったけれど、彼のことが本当に好きだったので、「いいよ」と答え、ふたりは手をつないで帰りました。ヨウコは、ちょっぴり恥ずかしかったけれど、とても温かい気持ちになりました。
   ① ふたりのあいだに、本当の同意はありましたか？　[ある ・ ない]
   ② そう思うのは、どうしてですか？

5. 14歳のケイタは、13歳のガールフレンドであるマキと映画に行った帰りに、一緒に公園を歩いていました。そのとき、ケイタは突然、マキを抱きしめて、キスをしました。マキは、ショックで泣きだしました。
   ① ふたりのあいだに、本当の同意はありましたか？　[ある ・ ない]
   ② そう思うのは、どうしてですか？

6. 中学2年生のタカオは、同級生のユウコに、「胸を触ってもいい？」と聞き、ユウコが「うん」と言ったので、胸を触りました。それ以来、タカオは、何度も「いい？」「ねえ、いい？」と言ってはユウコを公園のトイレに連れ込み、しょっちゅう胸を触ろうとします。
   ① ふたりのあいだに、本当の同意はありましたか？　[ある ・ ない]
   ② そう思うのは、どうしてですか？

7. 中学3年生のナオは、修学旅行中、友人のヨウと写真を撮りあっていました。その後、パジャマ姿で寝ていたクラスメートのヨウの寝顔を写真に撮り、クラスのライングループに流しました。
   ① ふたりのあいだに、本当の同意はありましたか？　[ある ・ ない]
   ② そう思うのは、どうしてですか？

【2-9】

本当の同意はあるかな？【2-8, 9】

　本当の同意の条件と照らし合わせながら、同意の有無とその理由について話し合っていきます。

　「ワーク8」の6．は、一度は同意したものの、勢いづいた相手に圧倒されて、断れなくなってしまった状況を表しています。相手から「いい？　いい？」としつこく迫られると、とにかく解放されたくてうなずいてしまうこともあるでしょう。

　このワークに取り組みながら、子ども自身の体験や学校などで見聞きしたこと、性暴力以外で強制されたことや言いなりになってしまったことについて、話し合いましょう。

5　性行動のルール【2-10, 11】

　本当の同意があったかどうかが問題になるのは、双方が性的同意年齢に達している場合です。刑法で定める性的同意年齢に達していない子どもには、性行為についての同意能力はない、つまり本当の同意は成立しないとされています。そのため、子どもが、たとえ「いいよ」と応じたり、「やって」と誘ったりした場合でも、同意能力のない子どもと性的な行為をすることは法律違反になりうるのです。しかし実際には、性的同意年齢に達したからといって、だれもが性行為の結果まで理解したうえでの同意を示せるものではありません。子ども同士が性的なタッチ（接触）をするのも適切なことではありません。また、境界線のルールを学ぶためにも、子どもたちには「性行動のルール」を教える必要があります。

　性行動のルールは、学校や施設において子どもたち全員と共有するのが望ましいでしょう。具体的なルールを示すことで、境界線を破る言動の基準が明確になります。それによって、「相手の行動はルール違反だ」と思った子どもが、被害を打ち明けやすくなります。まちがっているのは相手の行動であることがわかれば、被害者の自責感も軽減します。ルール違反をした子どもも、自分の行動のどこがまちがっていたのかを認めやすいでしょう。教員や施設職員などの大人も、子ども同士の性行動に不安をかきたてられて、やみくもに両者を叱ってしまったり、逆に、「子どもの遊びにすぎない」と誤解して、見過ごしてしまったりすることがなくなるはずです。子どもと関わる大人たちも性行動のルールを共有することで、被害を受けた子どもへのケアと、ルール違反をした子どもへの指導がしやすくなるのです。

　また、性暴力被害を受けた子どものなかには、被害を受けた混乱から、自身が性行動のルール違反をするようになることがあります。人前で性器を触らずにはいられなくなったり、自分がされたことを弱い立場の子どもにしてしまったりするのです。そうした不適切

な性行動や性暴力の連鎖をとめるためにも、性行動のルールを子どもたち全員で共有しておく必要があるのです。自分がしてしまったルール違反を認めることができたら、どうしてそういう行動をとってしまったのか、その背景について子どもと一緒に考えることができます。

　子どもとの対話を通して、子どもの行動の背景にある本当のニーズ（「被害を受けたつらさをコントロールできない」「ひとりぼっちになりたくない」など）がわかれば、そのニーズにそった支援を提供できるでしょう。

▶▶ 学習の進めかた ◀◀

　性行動のルールを教える際には、その前提として**プライベート・パーツ**について理解させる必要があります。教えかたはシンプルに、プライベート・パーツとは「水着に隠れる部分」と説明し、男の子と女の子の絵を描いて示してください。そして、それぞれの水着の下には、なにが隠れているのかを尋ねましょう。男の子であれば、ペニス、お尻、肛門といった答えが返ってくるでしょう。女の子であれば、性器（膣）、お尻、肛門、そして胸（バスト）となるでしょう。男女のプライベート・パーツが異なることも、子どもに確認してください。

🌱 **性行動のルール**

日本の法律では、16歳にならない子どもには、性的な行動についての同意能力がないとされています。
つまり、法律では、16歳にならない子どもはまだ性的な行動について本当の同意ができないと考えられているのです。
ですから、同意年齢に達しない子どもが「いいよ」と言ったり、子どものほうから相手に「やって」と言ったりしたとしても、16歳以上の子どもや大人がその子どもと性的な行為をすることは違法（法律違反）になります。
また、13歳から16歳の子ども同士が「本当の同意」の条件を満たさない場合には、性暴力であり、法的な問題になる可能性もあります。

12歳以下の子どもたちは、以下の「性行動のルール」を守りましょう。
性行動のルールは、みんなが安心して安全に暮らすために大切なルールです。

性行動のルール

1. ほかの人のプライベートパーツをさわってはいけない
2. ほかの人に、自分のプライベートパーツをさわらせてはいけない
3. 自分のプライベートパーツを見せてはいけない
4. ほかの人のプライベートパーツを見ようとしてはいけない
5. 自分のプライベートパーツにさわっていいのは、ひとりでいるときだけ
6. 性的な言葉や行動で、ほかの人に不快な思いをさせてはいけない

★ プライベートパーツとは、水着に隠れる部分です

【2-10】

性行動のルールについて、もう少し詳しく説明しましょう。

1．ほかの人のプライベート・パーツをさわってはいけない
これは、手でさわるということだけでなく、プライベート・パーツをつねったり、たたいたり、けっとばしたり、からだをこすりつけたり、口をつけたり、物を使ってつっついたり、性器や物をつっこんだりすること、すべてを含みます。

2．ほかの人に自分のプライベート・パーツをさわらせてはいけない
だれかに自分のプライベート・パーツをさわらせようとしてはいけません。ルール1と同じように、物を使うことや、なめさせること、からだをくっつけさせることなど、すべてを含みます。

3．自分のプライベート・パーツを見せてはいけない
直接だれかに見せるだけではなく、スマホやパソコンなどで画像や動画を見せることもルール違反です。
　★ お医者さんや看護師さんが診察や治療をおこなう場合や、まだ自分のことができない小さな子どもが、おむつを取り替えてもらったり、お風呂で洗ってもらったりするときは、これらのルールの例外です。
　ただし、薬を塗ったり、からだを洗ってもらう場合も、自分でできると思うときは、自分でやると言ってかまいません。

4．ほかの人のプライベート・パーツを見ようとしてはいけない
お風呂やプールの着替えのときなどに、自然に見えてしまうのは仕方がありませんが、のぞき見をしたり、盗撮をしたり、性器や胸を「見せろ」と強要したり、「パンツおろし」をしたりすることは、たとえ遊びのつもりでもルール違反です。スマホやパソコンなどでプライベート・パーツの写真や動画を送らせることもルール違反です。

5．自分のプライベート・パーツにさわっていいのは、ひとりでいるときだけ
ひとりでいるときにマスターベーションをすることは、性行動のルール違反ではありません。ですが、ひとりでいるといっても、だれかが来たり、通ったりする可能性のある公園や学校、電車やバスの中などの公共の場では、プライベートパーツを触ってはいけません。

6．性的な言葉や行動で、ほかの人に不快な思いをさせてはいけない
軽い気持ちで言った言葉や行動でも、相手やまわりの人はとても不愉快な気持ちになるかもしれません。
性的な会話をするときは、相手や場所をよく選ぶ必要があります。
たいていの場合、学校などたくさんの人が生活をして勉強などに取り組む場や、電車・バスの中などの公共の場は、性的な言葉や行動がふさわしいところではありません。

【2-11】

プライベート・パーツ

本来、からだ全体が「プライベート」なものであり、水着で隠れていない部分であっても、ほかの人が勝手に触れてよいわけではありません。とくに、口や髪の毛は、大事な場所と感じられるものです。それらを含めて「プライベート・パーツ（あるいは、プライベート・ゾーン）」と教える方法もあります。

ただ、子どもに性行動のルールを教える際には、「水着で隠れたところ」と説明したほうがわかりやすいでしょう。もちろん、男の子であっても上半身の裸をみられたくない子どももいますし、からだの性別とこころの性別が一致しない性別違和のある子どももいます（ステップ4の「セクシュアリティについて知ろう　☆ティーンズ向け」参照）。からだ全体は物理的境界線で守られており、人を不快にさせる性的な言動は心理的境界線を侵害するものでもあるので、境界線の概念と併せて教える必要があります。

プライベート・パーツについて教えたら、子どもに性行動のルール*をひとつずつ提示して、詳しく説明します。

① ほかの人のプライベート・パーツをさわってはいけない

これは、手で触ることだけを指しているのではなく、プライベート・パーツを物でつついたり、叩いたり、足で蹴ったり、口をつけたり（舐めたり）、抱きついてからだをこすりつけたり、体内（膣、肛門、口など）に性器や物を挿入することなども含みます。

こうした幅広い行動すべてを含むルールであることを説明し、具体的なイメージをもたせてください。

② ほかの人に、自分のプライベート・パーツをさわらせてはいけない

このルールには例外があります。医者が診察や治療をしたり、看護師が手当てをするとき、まだ自分のことができない赤ちゃんがおむつを取り替えてもらったり、お風呂でからだを洗ってもらったりするときは、ほかの人にプライベート・パーツを触らせることは問題になりません。まず、例外になるのはどんなときかを子どもに考えさせてください。

プライベート・パーツに薬を塗ったり、座薬を入れたり、からだを洗ったり、着替えたりするとき、必要ならば大人に手伝ってもらうことができますが、もし自分でできると思ったなら「自分でやる」と言ってもよいと伝えてください。自分の気持ちや考えを相手に伝えること（アサーション：ステップ6参照）は、子どもが自分の境界線を守るための

＊　これは、National Center on the Sexual Behavior of Youth（NCSBY）で推奨されている「学童期の子どもの性行動のルール」を一部修正したものです（http://www.ncsby.org/content/safety-planning-0）。

練習にもなります。

なお、プライベート・パーツを触られたという性被害を受けた子どもが、「触らせてしまった自分がルール違反なのだ」と誤解しないように、あくまでも**プライベート・パーツを触ろうとした相手の行動が境界線破りで、性行動のルール違反でもある**ことを確認してください。言いなりになって触らせてしまったのは同意のない行動であり、相手の強制的な言動が悪いのだということを復習してください。

③ 自分のプライベート・パーツを見せてはいけない

このルールは、大人ならば「露出」の性犯罪（公然わいせつ罪）となるものです。このルールも、上記②と同様に例外があり、治療や手当てを受けるなど正当な理由があれば、「見せてもかまわない」ことになります。

このルールは、特定の他者にプライベート・パーツを見せつける行為だけでなく、公の場所（学校、電車内、食堂、施設内、公園など）、つまり、だれかが通る可能性のある場所でプライベート・パーツを露出することも含まれます。

性器露出も性暴力

性器露出は、直接からだに触れるタイプの性暴力ではないため、「見せられただけ」「なにもされていない」と軽く受けとめられる傾向があります。しかし実際には、突然、性器を見せられたことが引き起こす混乱や不安、自分がねらわれたことに対する恐怖や恥ずかしさなど、被害者に与える影響は決して小さくありません。

その場面が目に焼きついてしまい、いつまでも混乱が続いた結果、その子どもが別の子どもに問題となる性行動をするようになることもあります。

また、映像や画像による性情報にさらされることも、子どもにとっては性暴力になります。「見ただけ」だからと軽く考えず、子どもの混乱を受けとめ、子どもが安心・安全に暮らせる環境づくり（性情報の管理、支援体制づくりなど）をしましょう。

---

④ ほかの人のプライベート・パーツを見ようとしてはいけない

風呂場やトイレ、更衣室ののぞきや盗撮、人の裸や性器の写真をメールなどで送らせることは、ルール違反となります。上記③のルールと対のものとして覚えさせてください。

男子トイレ（小便器）の使用時や、プールや入浴時の着替えなどで、ほかの人のプライベート・パーツが見えることがありますが、このルールは意図的に「見ようとすること」を違反行為としています。

具体的にどんな行動が含まれるのか、子どもと一緒に考えてみましょう。

性的な遊びを装った性暴力

ふざけて友だちのズボンや下着をおろして性器を露わにさせる「パンツおろし」や、服のうえから肛門をつつく「カンチョー」、股間を蹴る「電気アンマ」などは、小学校の教室内でよく起きているようです。中学生でも、「パンツおろし」や「マスターベーションの強要」は、性的ないじめの手段として用いられることがあります。男の子だけではなく、女の子のあいだでも起こります。

された側の子どもは、周囲の子どもにあわせて笑っていることもあるでしょう。しかし、非常に強い屈辱感をいだきます。それがきっかけで不登校になったり、その後、加害行動に転じたりするケースもあります。本人にとっては苦痛極まりないことでも、ほかの子どもが「遊び」だとか「冗談」だと公言すると、自分が傷ついているということも口にできなくなります。

周囲の大人（教職員や親など）は、たとえ被害を受けた子どもが笑っていたとしても、見逃してはいけません。ましてや、子どもと一緒になって笑うべきではありません。子どもの行動は性行動のルールに違反したものであり、された側にとっては深刻な被害体験となることを理解し、きちんと指導する必要があります。

⑤ 自分のプライベート・パーツにさわっていいのは、ひとりでいるときだけ

ひとりでいるときに自分の性器に触ることは、性行動のルールに違反するものではありませんが、そのときはひとりきりだったとしても、あとからだれかが来たり、通ったりする可能性のある場所では性器を触ってはいけないことを教えてください。

公園、学校の教室、電車やバスの車内といった公共の場では、プライベート・パーツを露出したり、触ったりしてはいけません。

⑥ 性的な言葉や行動で、ほかの人に不快な思いをさせてはいけない。

上記の5つのルールにピッタリあてはまらない行動であっても、それによってほかの人をいやな気持ちにさせたり、不安や恐怖を感じさせたりする性行動は、この6つ目のルール違反として説明することができます。また、上記5つのルールは、すべてこの6つ目のルールにも違反しているといえます。

境界線を侵害すると相手にいやな思いをさせるということが理解できていれば、この6つ目のルールは非常にわかりやすいはずです。

性行動のルール 【2-12,13】

ワーク9

　6つの性行動のルールを説明したら、ワーク9のクイズで子どもが理解できているか確認してください。クイズは、まず、その行動がルールに違反しているかどうかを○×で答えるものから始めます。性行動のルールに照らして、正しいか、まちがっているかを考えさせます。楽しく学習するために、○×を書いた札やカードを挙げて答えさせたり、ポイント制にして競ったりする方法がおすすめです。こうしたクイズは、一連のセッションのなかで繰り返しおこない、ルールの理解が定着しているかどうか確認しましょう。

　1．の○×クイズにほぼ正解できるようであれば、次に2．の「どのルールに違反しているか」の問題に取り組みましょう。より正確にルールを理解するためのクイズです。同時に、複数のルールに違反する場合もあります。合っているかどうかを確認するだけでなく、「どうしてそう考えたの？」と尋ねながら、子どもが性行動について考えたプロセスをじゅうぶんにほめてください。

　クイズをするときは、「大正解！」「惜しい！」といった肯定的表現を用いましょう。「ダメ！」「ちがうでしょう」「ブブー！」といった否定的表現を避けることで、子どもが安心して学習に取り組めるでしょう。

ワーク9

性行動のルール

1. 性行動のルールから考えて、以下の行動は、ルールを守れているでしょうか？
ルールが守れていれば○、ルールが破られていたら×をつけましょう。

① もし、相手の子が「いいよ」と言えば、相手のプライベート・パーツをさわってもよい

② だれかがあなたに「プライベート・パーツをさわって」と頼んだら、さわってもよい

③ いつでも自分のプライベート・パーツをさわってもよい

④ 男の子と女の子は、異なるプライベート・パーツを持っている

⑤ だれかに「プライベート・パーツを見せて」と頼まれたら、見せてもよい

⑥ 年上の人が「いいよ」と言ったなら、性行動のルールを破ってもよい

⑦ あなたのきょうだいに、あなたのプライベート・パーツをさわらせてもよい

⑧ お医者さんが診察するときは、あなたのプライベート・パーツをさわってもよい

⑨ あなたと同じ年の人なら、その人のプライベート・パーツをさわってもよい

⑩ 親は、あなたのプライベート・パーツに薬を塗ってもよい

⑪ あなたは、友だちのプライベート・パーツをさわってもよい

⑫ あなたのきょうだいのプライベート・パーツをつねってもよい

【2-12】

---

2. 次に書かれている性行動は、どの性行動のルールに違反しているでしょうか？
ページ下にある性行動のルールの1から6の番号で答えてください。

① みんなの前で、クラスの男の子のパンツを下ろした

② 給食のときに、クラスの女の子の胸が大きいという話を大声でした

③ トイレで、ペニスの見せ合いっこをした

④ 授業中に、洋服の上から性器をこすった

⑤ 友だちのお尻に「カンチョー」をした

⑥ すれちがいざまに、女の子の胸を触った

⑦ 寝ている子の布団に入って、抱きついた

⑧ エッチな写真を教室で広げて、何人かで見た

⑨ 公園で自分の性器を出した

性行動のルール

1. ほかの人のプライベート・パーツをさわってはいけない
2. ほかの人に、自分のプライベート・パーツをさわらせてはいけない
3. 自分のプライベート・パーツを見せてはいけない
4. ほかの人のプライベート・パーツを見ようとしてはいけない
5. 自分のプライベート・パーツにさわっていいのは、ひとりでいるときだけ
6. 性的な発言や行動で、ほかの人に不快な思いをさせてはいけない

★プライベート・パーツとは、水着に隠れる部分です

【2-13】

性について学習するうえでの留意点

性被害のあと、性について学んだり、性行動をイメージして考えたりすることに不快感を覚える子どももいます。楽しい雰囲気で知識を学ぶことで、性そのものは悪いものではなく、性行動について理解することは自分の安心・安全を高めるうえで大切なことだと感じられるとよいでしょう。

支援者も身構えず、ごくふつうのこととして落ち着いて性の学習を進めることで、子どもも慣れていき（脱感作）、次第にリラックスして学べるようになります。

 ## ステップ2のまとめ

ステップ2では、「境界線」「本当の同意」「性行動のルール」の学習を通して、性暴力とはどのような行動であるか、そして、性暴力はあくまで加害者のルール違反であることを子どもに伝えました。性被害を受けて混乱している子どもが、自分に起きたことを改めて整理するのに役立つことを期待しています。

性被害を受けた子どもは、自責感と恥の気持ちにさいなまれています。**支援者は「あなたは悪くない」と言うだけでなく、「なぜ悪くないのか」を明確に示し、子ども自身がこころから「わたしは悪くない」と思えるようなサポートをすることが求められます。**

境界線を破ったのはだれなのか、自分は本当に同意していたのか、相手のしたことは「性行動のルール」に照らすとどうなのか……といった視点から、子どもが自分の性被害体験についてふりかえることで、性暴力による混乱から脱し、気持ちを整理していくことができるでしょう。

STEP3 ステップ3 自分のこころの状態を知ろう

　性被害を受けた子どもは、こころにケガをした状態ともいえます。こころにケガをすると、自分の気持ちを感じられなくなったり、コントロールできなくなったりします。感情や感覚が麻痺して、つらさや苦痛を感じられなくなるのです。その一方で、イライラしやすくなったり、感情がこみあげて怒りを爆発させたり、突然泣いたり、情緒不安定になることもよくあります。こうした子どもの変化に周囲もとまどい、対人関係や生活がうまくいかなくなることがあります。

　さらに、フラッシュバックの症状により、突然、強烈な恐怖や緊張におそわれると、子どもは、感情とはコントロールできない、おそろしいものだと思うようになります。そうなると、感情を感じないようにする回避や麻痺の症状が強まり、トラウマ症状が慢性化してしまうおそれがあります。

——わけもなく涙が出たりして、自分でもヘンなんです。

——なんかいつもイライラする！ なんでかって？ ただムカつくんだよ。

——今の気分？ ……別に。なにも感じない。

——テレビで似たようなニュースが流れると、こわくてたまらなくなります。

　こうしたこころの変化や心理的な症状は、性暴力による影響として自然なものです。でも、子どもは「自分がおかしくなってしまったのではないか」と不安になり、さまざまな症状により日常生活に支障をきたすこともあります。感情にまつわる問題への対処として、感情を無理に抑え込んだり、感じないように麻痺させたりするものの、それによっていっそう心身の状態は悪化してしまいます。

　ステップ3では、気持ちについての学習によって、人のこころにはさまざまな気持ちがわくことを理解し、からだにどう現れるか、どんなことばで表現できるかについて学びます。そのうえで、被害後にみられやすい気持ちの変化を知り、自分のこころの状態を自覚できるようにしていきます。よりよい感情マネジメント法を学ぶことで、こころをコントロールしていけるようになることをめざします。

1 安全に自分の感情に向き合う

性暴力はこころを深く傷つけるものです。からだにケガをすると、それまでのように自由にからだが動かなくなるのと同じように、こころにケガをすると、こころの動きも変わってしまいます。不安や恐怖、絶望といった気持ちが強まり、安心感を失い、こころのなかが苦痛な感情でいっぱいになってしまいます。感情が不安定になり、自分でうまくコントロールできなくなります。あまりに強すぎる感情に圧倒されてしまい、自分がどんな気持ちなのか、よくわからなくなることもあります。

性被害を受けた子どもにとって、感情は危険でやっかいなものでしかなく、感じないように避けるべきものとなります。しかし、そのようにして感情を無視したり、押さえこもうとしたりすることで、かえって症状は悪化してしまいます。本来、感情そのものは悪いものでも、危険なものでもありません。自分の感情に気づくことは、つらいときや困ったときに、ほかの人に助けを求められるようになるためにも欠かせません。感情について学び、少しずつ安心して感情に触れていくことが、回復につながるのです。

ステップ3の課題は、子どもを支援している大人（親、里親、施設職員、教員等）も一緒に取り組みましょう。子どもの感情は、ときに相反するものも含めて、こころのなかに同時に複数存在することを大人が知っておく必要があります。しばしば、大人は子どもに対して、「つらいの？　もう大丈夫なの？」と、子どもの感情をひとつしかないかのように思い込み、子どもの気持ちを安易に決めつけようとしてしまいがちだからです。

子どもとのワークでは、子どもがかかえているさまざまな感情を理解し、じゅうぶんに共感を示してください。感情について学び、性暴力のあとに生じやすい感情面の問題を知ることが、子どもの自己コントロール感を高めます。子どもが安心して自分の気持ちについて話せるようにサポートしましょう。

2 さまざまな感情の理解 [3-1]

はじめに、感情にはさまざまなものがあることを理解します。ここでは、性暴力に対する感情ではなく、一般的な感情のバリエーションや強さについて知ることが目的です。

幼少期から虐待やネグレクトを受けていた子どもの場合、感情の名前を尋ねても、あまり言葉が挙がらないかもしれません。幼少期に安定した愛着が形成されていないと、「ムカつく」「イライラする」といった漠然とした不快感情は自覚するものの、ほかのさまざまな感情には気づきにくい傾向があります。不快に感じられる感情のなかには、実際にはいろいろな感情が含まれていること、そして快の感情にも気づけるようにしていきます。子ども自身が感情を表現しても大丈夫と思え、気持ちを伝えることのメリットを理解できるようになることが大切です。

▶▶ 学習の進めかた ◀◀

　性暴力に関する基本的な学習が中心であるステップ2と比べて、ステップ3からは、子ども自身の内面や行動に着目します。トラウマ反応についても扱うため、子どもにとっては「つらい気持ちに向き合いたくない」「こわいことを思い出しそうだから、もう考えたくない」といった不安もあるはずです。そのため、ステップ3では、少しずつ、段階的に感情に向き合っていきます。

　まず、一般的な感情の理解から始めましょう。感情にはいろいろなものがあるというバリエーションを知り、それらの感情がわくのはどんなときかを考えます。そして、こころのなかにはさまざまな感情が混在していることを学習します。

　ワークに取り組みながら、子どもの語彙量や理解力、感情の認識の程度をアセスメントします。そして、子どもの状態に合わせて、楽しく取り組めるように工夫しましょう。

ワーク1 ──気持ちイロイロ [3-1, 2] ─────────────

　気持ちの名前（うれしい、悲しいなど）をできるだけたくさん挙げます。ワークシートに書き出す方法のほかにも、名刺大のカードを用意して、1枚につき1つの感情を書いていき、子どもと一緒に「感情カード」を作成するのもよいでしょう。この感情カードがあると、その後のワーク3や4でも活用できるほか、次回以降のセッションでも「最近、感じた気持ちはどれ？」「今の気持ちは？」など質問して使うことができます。

　子どもの年齢に合わせて、小学校低学年であれば「気持ちを5つ探そう」という課題、高学年であれば「1分間でできるだけたくさん書き出そう」という課題にするなど、レベルを変えるとよいでしょう。中学生以上であれば、かなりの量の感情リストを作成することができるかもしれません。

　子どもがあまり感情の名前を出せないときには、支援者が一般的な感情のリストを示したり、表情のイラストが書かれた教材を用いたりするのも役立ちます。

　表情のイラストは、上手に描けなくてもかまいません。目つきや口元など、感情に伴う表情の特徴が描かれていたら、「たしかに、そんなふうになるね」と確認します。子どもが描けない場合には、支援者が描いた表情について、どんな感情か当ててもらうのでもかまいません。マンガに描かれた表情を例にするのもよいでしょう。

　気持ちにはいろいろな種類があること、そして、気持ちにはよいとか悪いという区分はなく、どれも大切な気持ちであることを説明します。

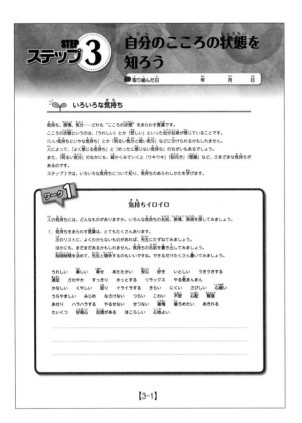

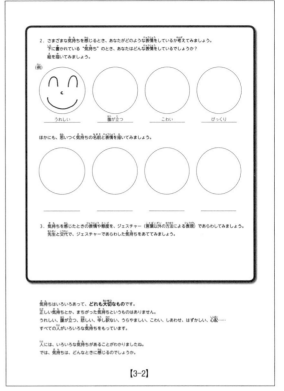

ワーク2 — 気持ちを感じるとき【3-3】

次は、感情とそれを感じる状況とのマッチングに挑戦しましょう。状況と気持ちが関連していることが理解できるようにします。この学習は、ステップ5-4の「考え－気持ち－行動のつながり」を学習する際の基盤となります。

支援者も一緒に取り組み、自分の場合はどうであるかを話すことで、たとえ同じ状況であっても、そのときの気持ちは人によって異なることが理解しやすくなります。さまざまなできごとを例に挙げながら、子どもがどんな気持ちをいだきやすいのかに注目しましょう。子どもが「こんなことがあって、こう感じた」と話せるようになると、子どもの日常生活の様子もよくわかるようになります。

同時に感じる気持ち【3-3】

大人は子どもに、「今どんな気持ちなの？ うれしいの？ 悲しいの？」と、なにかひとつの感情を選ばせてしまいがちですが、実際には、だれでも相反する気持ちを同時に感じていることがほとんどです。いろいろな気持ちがあるにもかかわらず、その一部分しか聞いてもらえないと、子どもは「でも、本当は別の気持ちもあるのに……」と、自分の気持ちをわかってもらえないように感じてしまいます。いろいろな気持ちがあるのだというこ

とを大人に理解してもらえると、子どもは大人と気持ちを共有する気になれるでしょう。

　例えば、「イライラ」「ムカつく」「後悔」「悲しみ」「がっかり」といった否定的な気持ちがこころのなかの大半を占めていたとしても、実は「期待」や「楽しみ」といった肯定的な気持ちも少しはあるかもしれません。期待していたからこそ、がっかりしてイライラすることもよくあります。

　このように、同時に感じる気持ちを色とぬる面積で表わしてもらうのが、次の「ハートのぬりえ」【3-4】のワークです。

▶▶ 学習の進めかた ◀◀

ハートのぬりえ【3-4】

　今、感じている気持ちをハートの形のなかに色で表します。クレヨンか色鉛筆を用意してください。ワークシートとは別に、画用紙を用意するのでもよいでしょう。色で表すことで、感情に対する子どものイメージも共有できますし、こころのなかの状態を表現しやすくなります。

　子どものペースでぬりえに取り組んだあとは、できあがったハートについて、子どもに「どの色がどんな気持ちなのか」を説明してもらいましょう。どんな表現がされていても、子どもが気持ちを表現しようとした姿勢をほめ、「そういう気持ちなんだね」「こんな気持ちもあるんだね」としっかり受けとめてください。

　次回以降のセッションでも、日常のできごとで感じたことや、今日の気分などについて、ぬりえで表現するのもよいでしょう。子どもの承諾を得て、生活を支援してくれている大人（親、里親、施設の職員、教員等）に作成したハートを見てもらうと、大人が子どもの気持ちを理解し、共感を示しやすくなります。

　また、このワークの応用として、全身のからだの形を描いて、「からだのどの部分に、どんな気持ちを感じるか」をぬりえで表すこともできます。例えば、「怒り」の感情を、「頭がカッとなる」と感じる子どもは「頭」の部分に「赤い色」で表すかもしれません。同じ感情でも、「フツフツとお腹のあたりでわいてくる感じ」として、「お腹」の部分に別の色を塗って表す子どももいるでしょう。地団駄を踏む子どもは、怒りを「足」に感じているかもしれません。この応用編は、ワーク5の「気持ちとからだの反応」【5-7】をやってからのほうがスムーズにできるかもしれません。

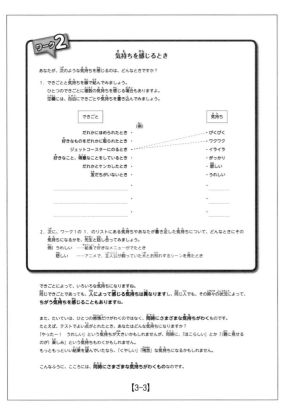

アートの手法を活用しよう

ぬりえや描画、粘土や工作など、アートを用いたワークは、子どもが楽しみながら取り組むことができます。なにかを集中してつくりあげるだけで、こころが落ち着く効果もあります。言葉ではうまく表現できないことでも、作品にはその子らしさが反映されるものです。

「うまくできないかもしれない」と躊躇する子どもがいたら、巧拙は関係なく、どんなふうに表現してもかまわないのだと伝えましょう。

子どもの生活を支援してくれている大人に対して実施するのもおすすめです。子どもを支援するなかで感じる気持ちを表現してもらうことで、大人も自分の感情に気づき、ストレスを解放して、子どものサポートを続けることができます。

③ 気持ちの強さ [3-5]

感情には強さがあることを、温度計の比喩を用いて理解していきます。感情の強さが自覚できるようになると、感情が高まったときにほかの人に助けを求めやすくなります。また、リラクセーションなど感情の対処法を用いたときの効果を実感しやすくなります。それによって、セルフ・コントロール感を高めることができます。

▶▶ 学習の進めかた ◀◀

気持ちの温度計【3-6】

　さまざまなできごとを例に挙げ、そのできごとがあったときの感情とその強さを温度計で表します。温度計の部分を色鉛筆で塗ってもらいましょう。日常生活のできごとから始め、最後に、性暴力を受けたことに対する気持ちを記入します。

　ワークの最中に、子どもがつらく感じたり、動揺しそうになったときには、ステップ1で練習したリラクセーションスキルを活用しましょう。支援者も一緒におこない、リラクセーションをした前後で、気持ちの温度計の数字の変化を確認します。少しでも数字が下がっていたら、その効果を評価します。下がらなくても、自分の感情に対処しようとしたことをほめて、これからも続けていくよう励ましましょう。

　感情が高まったとしても、子どもが自分で落ち着くことができると実感することが大切です。

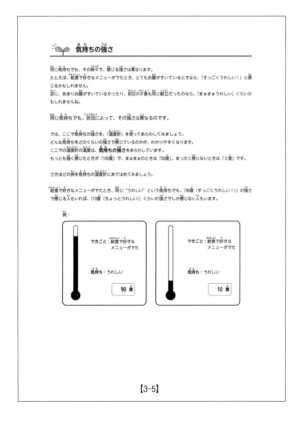

【3-5】

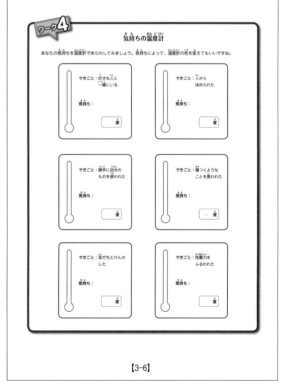

【3-6】

4 # 感情の表しかた [3-7,8]

　こころの動きと連動して、からだも変化します。自然に表れるからだや行動の変化を理解することで、自分のからだや行動に表れた変化をサイン（手がかり）として、自分の感情を理解しやすくなります。

　どんな感情がわいたとしても、感情自体に正しいとかまちがっているということはありません。どの感情も大切なものです。しかし、**感情の表しかたには、適切なものとそうではないものがあります。**自他を傷つけるような表しかたをすると、結局、子ども自身が周囲からのサポートを得られにくくなり、さらに傷ついてしまうことになります。

　よりよい感情の表しかたを学ぶことで、子どもの自己効力感を高め、人間関係をよりよいものにしていくことができます。

▶▶ 学習の進めかた ◀◀

ワーク5 ── 気持ちとからだの反応 [3-7] ────────

　さまざまな気持ちになったとき、からだがどんなふうになるかを話し合います。からだの変化や行動について、具体的に考えてみましょう。

　子どもにある感情がわいたときの場面を思い出してもらい、「そのとき、どんなふうだった？　表情は？　姿勢は？」と訊いていきます。ワーク1でやった表情の特徴をふりかえってもよいでしょう。ほかに、「呼吸の速さ、声、からだの痛み」などを確認します。

　からだの変化に気づきにくい子どもには、「新しいゲームを買ってもらえたときと、もう少しでクリアできそうなゲームのデータが消えちゃったとき、どっちも同じ気分？　表情も変わらない？」など、極端な2つの例を挙げて比べるとわかりやすいかもしれません。

　感情は、さまざまなからだや行動の変化を生じさせ、感じた気持ちによってからだや行動の反応は異なることを確認しましょう。

―気持ちのあらわしかた【3-9, 10】

　気持ちの表しかたは、さまざまです。そのなかには、健康的なよい表しかたと、不健康でよくない表しかたがあります。これまでの体験をふりかえりながら、子どもがどんなふうに気持ちを表してきたかを考えます。

　ここでは、表しかたはさまざまなものがあること、そして子どもがこれまでしてきた表しかたよりも「もっとよい方法があるかもしれない」と考えることがねらいです。多くの子どもは、自分の感情の表しかたについて、「それしかできない」と思い込んでいます。実はほかにもよい方法があるかもしれないとか、さまざまな方法のなかで、すでによい方法を自分で選べていたと気づくことが大切です。

　ですから、子どもがどんな気持ちの表しかたをしていたとしても、子どもを責めたり批判したりせずに、「よく、ふりかえられたね」「そういうふうにしてしまうことは、だれでもあるよね」と受けとめます。子どもが自分の気持ちの表しかたに気づけたことをじゅうぶんにほめましょう。

　「健康的な方法」と「不健康な方法」に分ける際は、あくまで子ども自身にとって役立つ方法かどうかを判断基準にします。道徳的な判断よりも、そういう方法をとることで子ども自身に及ぶ影響（後悔する、苦しくなる、別の問題が起こるなど）について考えましょう。子どもが「悪い表しかたをしてしまった自分はダメだ」と思わないように留意してください。

5 性暴力による感情への影響【3-11, 12】

　性暴力を受けたことでこころがケガをすると、こころのなかが戸惑いや不安、恐怖などの感情でいっぱいになり、そのほかの肯定的な感情が感じられなくなります。つねにドキドキしていて、緊張や不安の気持ちをかかえて過ごすようになるため、安心の気持ちが感じられなくなるのです。日常生活のなかで感じるはずの楽しさや喜びなども、感じにくくなってしまいます。

　また、フラッシュバックにより急に恐怖がよみがえり、パニックになったりするので、子どもは感情自体を怖れるようになります。**感情は、自分を苦しめるもので、コントロールのできないおそろしいものだと思うのです。**そのため、感情について話したがらなくなったり、触れたがらなかったりします。そして、感情にふりまわされる自分自身の無力感を強めてしまいます。

　こうした感情面のさまざまな反応や症状について心理教育をおこないながら、子どもと話し合っていきましょう。子どもが「気持ちについて話しても大丈夫」と思えるようになることが大切です。

🌱 気持ちのあらわしかた

こころのなかの気持ちによって、からだも変化します。
たとえば、うれしいときや楽しいとき、からだもリラックスして、元気いっぱいになります。
一方、緊張しているときや不安なときは、からだがこわばり、お腹が痛くなったりします。

自分の気持ちを知る方法のひとつは、自分のからだの変化に気づくことです。
注意深くからだの状態をみれば、あなたの感じている気持ちがどんなものかがわかります。

たとえば、もし「怒っている」なら、

- □ 顔が熱くなっていたり、熱くなっていませんか?
- □ 眉間にしわがより、しかめっつらになっていませんか?
- □ からだに力が入り、肩が上がっていませんか?
- □ 息が、浅く速くなっていませんか?
- □ 声が大きく、早口になっていませんか?
- □ 頭がガンガンしていませんか?
- □ 胃がキューッと縮むように痛みませんか?

からだに、いくつかの変化が起きているのに気づきましたか?
こころとからだは、つながっています。
ここでは、自分のからだのサインを発見して、こころで感じていることを探ってみましょう。

ワーク5　気持ちとからだの反応

次のような気持ちになったとき、からだはどんなふうになりますか?
また、そのとき、あなたはどんな行動をとるでしょうか?

例) イライラしているとき　呼吸が速くなる、胸がムカムカする、爪をかむ、きつい言いかたをする

① イライラしているとき ....

② 不安・心配なとき ....

③ 落ちこんだとき ....

④ うれしいとき ....

⑤ さみしいとき ....

【3-7】

からだの様子が変わったら、自分がどんな気持ちを感じているのかを考えるようにしましょう。
また逆に、自分がなにかの気持ちを感じていることがわかったら、そのとき、あなたのからだがどうなっているかに目を向けましょう。

もしあなたが、自分の気持ちのままに行動してしまいがちなところがあるのなら、このような練習をすることで、もっとよく考えてから行動できるようになりますよ。
気持ちには悪いものなどありません。どんな気持ちもふつうですし、どんな気持ちをもってもいいのです。
大事なことは、気持ちにふりまわされて、自分や人を傷つける行動をしないことです。
もしあなたが自分の気持ちに気づいて、適切な方法で気持ちを表現できれば、自分や人を傷つけずにすむでしょう。

気持ちを感じるとき

なにがきっかけとなって、このような気持ちになるのか、注意を向けておくことも大切です。

たいていの場合、怒りは、けなされた、利用された、裏切られた、失敗した、公平に扱われなかった、あるいは、大事にされなかったと思うときに引き起こされます。

落ち込みは、怒りと同じような経験によって引き起こされることが多いですが、自分にはだれも味方がいない感じ、自分が弱い感じ、自分に価値がないような感じ、自分がなにかに失敗したような感じ、あるいは、ひとりぼっちだと思うような体験によっても引き起こされる可能性があります。

不安は、不確かなこと、コントロールできないこと、間題に対処できないことによって引き起こされる場合がほとんどです。

性暴力を受けたことで、あなたは怒りを感じるかもしれませんし、落ち込みもするでしょう。
そして、またいつ同じことが起こるかもしれないと思うと、不安でいっぱいかもしれません。
こうした気持ちをずっとひとりでかかえているのは、とても大変です。
つらい気持ちをかかえきれなくなって、思わずほかの人にぶつけてしまったり、ものや動物にあたったり、あるいは自分自身に向けてしまうこともあるでしょう。

あまりに苦しくて、自分のしていることがわからなくなるとか、やってしまったことを覚えていないといったことも起こります。

でも、かかえきれないほどのつらい気持ちにふりまわされて、こうした行動を続けていると、自分や他人をどんどん傷つけてしまいます。あなたはさらに、つらい気持ちになるでしょう。

自分の気持ちに気づくこと、そして、つらい気持ちを健康的な方法であらわし、大人に助けを求めることが大切です。

【3-8】

ワーク6　気持ちのあらわしかた

あなたの気持ちは、どんな行動にあらわれるでしょうか?
気持ちがどんなふうにあらわれるか、考えてみましょう。

次のような気持ちを感じたとき、あなたはどうなりますか? また、どんな行動をとりますか?

1. 怒り
① あなたにあてはまるものはありますか?

- □ わめいたり叫んだりする
- □ だれかをぶつ
- □ ものや動物をたたく
- □ 泣く
- □ 逃げる
- □ がまんする
- □ 気持ちを書き出す
- □ 食べまくる
- □ だまり込む
- □ 走ったり運動をする

- □ だれかの陰口を言う
- □ 創造的なことをする（工作する、絵を描くなど）
- □ 仕返しをする
- □ 眠る
- □ 落ち着いて自分の気持ちを話す
- □ ものを盗む
- □ 怒る必要はないと考えかたを変える
- □ 自分を傷つける
- □ その他（具体的に）[　　　　　　　]

② 上にあげた行動のなかで、健康的でよい方法だと思うのはどれですか?
どうしてそう思うのかを、先生と話しましょう。

③ 上にあげた行動のなかで、不健康でよくない方法だと思うものはどれですか?
どうしてそう思うのかを、先生と話しましょう。

【3-9】

---

2. 気分の落ち込み
① あなたにあてはまるものはありますか? また、どんな行動をとりますか?

- □ 泣く
- □ 本を読む
- □ 自分を傷つける
- □ 食べまくる
- □ やつあたりをする
- □ 眠る
- □ 引きこもって、人を避ける
- □ 運動をする

- □ 創造的なことをする（工作する、絵を描くなど）
- □ ものや動物をたたく
- □ テレビを見たり、ゲームをする
- □ いじわるなことを言う
- □ 音楽を聴く
- □ だれかをぶつ
- □ 自分の気持ちをノートに書く
- □ その他（具体的に）[　　　　　　]

② 上にあげた行動のなかで、健康的でよい方法だと思うのはどれですか?
どうしてそう思うのかを、先生と話しましょう。

③ 上にあげた行動のなかで、不健康でよくない方法だと思うものはどれですか?
どうしてそう思うのかを、先生と話しましょう。

3. 不安や心配
① あなたにあてはまるものはありますか? また、どんな行動をとりますか?

- □ くよくよ考えて、心配し続ける
- □ うろうろ歩く
- □ わめいたり叫んだりする
- □ 泣く
- □ 運動をする
- □ わかってくれそうな人に気持ちを話す
- □ 自分を傷つける
- □ 自分の気持ちをノートに書く

- □ 創造的なことをする（工作する、絵を描くなど）
- □ 壁をなぐる
- □ だれかをぶつ
- □ 宿題など、やるべきことをする
- □ 逃げだす
- □ 食べまくる
- □ がまんする
- □ その他（具体的に）[　　　　　　]

② 上にあげた行動のなかで、健康的でよい方法だと思うのはどれですか?
どうしてそう思うのかを、先生と話しましょう。

③ 上にあげた行動のなかで、不健康でよくないと思うのはどれですか?
どうしてそう思うのかを、先生と話しましょう。

【3-10】

性暴力を受けたあとのこころの状態

性暴力を受けたことで、こころにケガをすることがあります。
からだのケガに比べると、こころのケガは外から見えません。
からだのケガと同じように、時間をかけて自然に治る部分もありますが、何の手当てをしなければ、痛みや不調が続くこともあります。

たとえば、こんなこころの状態になることがあります。あなたにもあてはまるものがありますか?

□ 不安(そわそわ、ドキドキ、どんよりした気持ち)
□ 恐怖(こわい、いや、ぞっとする気持ち)
□ 混乱(なにがなんだかわからない、頭がごちゃごちゃになる)
□ 怒り(イライラ、むかつく、腹が立つ)
□ 恥(はずかしい、みっともない、情けない)
□ 抑うつ(落ち込む、気が晴れない、楽しめない)
□ 孤独感(ひとりぼっち、さみしい、悲しい気持ち)
□ 不信感(だれも信じられない、自分のことが信じられない)
□ 無力感(もうダメだ、生きていてもしかたがない)
□ 気持ちを感じない(うれしいとかつらいとか感じられない、こころが動かない感じ)
□ 情緒不安定(急に悲しくなったり泣きたくなったりする、キレそうになる、気持ちが落ち着かない)

性暴力を受けると、こんな気持ちになる子どもはたくさんいます。あなただけではありません。
つらい気持ちでいっぱいになったり、急に怒りや悲しみの気持ちがこみあげたりして、自分でもどうしていいかわからなくなることがあるでしょう。
また、好きなことをしても、以前のように楽しいと感じられなかったり、**自分の気持ちがよくわからない**と思ったりすることもあります。これもすべて、こころにケガをしたせいなのです。

情緒不安定

あのできごとがあってから、いつもイライラしていて、突然、あばれたい気持ちになったりするんだ。
授業中、急に涙が出てきたり。みんなから「おかしい」って思われているかも……。

さっきまで楽しめていたのに、急に落ち込んだり、なにもかもいやになったり、自分のこころが、まるでジェットコースターみたいに上がったり下がったりして、どうしようもないんです。

以前よりも、気持ちが不安定になって、自分でもどうしていいかわからなくなる人もいます。
自分の気持ちなのにコントロールできなくなって、「自分がおかしくなったんじゃないか」「みんなに変だと思われるかもしれない」と不安になったり、自信を失ったりすることもあります。
イライラしやすくなり、激しい怒りや恨みの気持ちをもつこともあります。あまりに強い気持ちなので、「自分でもこわくなるほど」と言う子どももいます。

【3-11】

不安・恐怖

「また、あんなことがあったらどうしよう」と考えると、ドキドキして不安になってくるの。あの人とよく似た声を聞くだけでビクッとして、全身から汗がふき出るの。

あれから、電気を消した部屋では寝れないんだ。またあいつが来るんじゃないかと、こわくてたまらなくなるから。

こわい体験をしたのですから、不安や恐怖感が高まるのも当然です。
多くの子どもが、安全なところにいても不安が消えなかったり、周囲を警戒していたり、暗がりやひとりでいることをこわがったりするようになります。

喪失感・深い悲しみ

今の自分には、夢とか希望なんてありません。人生の楽しみを、なにもかも失ってしまった感じです。幼いときにあんなことがなければ、ぼくはもっとふつうの、みんなと同じ生活が楽しめたはずなのに。

たまに、どうしようもない悲しみがおしよせてくる。どうしてあんな目にあわなきゃならなかったんだろうって……。そして、お母さんがわたしの話をすぐに信じてくれなかったことが、今でも悲しいんです。

性暴力により、自分の大切なもの、たとえば、無垢な気持ちや人を信じるこころ、たくさんのチャンスや能力、自信、時間などが失われたと感じることもあります。この失ってしまった感じを、喪失感といいます。
なかには、家族がバラバラになってしまい、自分は家族がなくなったと感じる子どももいるでしょう。

性被害のあと、こうしたこころの変化があると、自分の気持ちにふりまわされているように感じるでしょう。
気持ちはコントロールできなくて、おそろしく、やっかいなものでしかないと思うようになります。
実際、そのせいで生活がうまく送れなくなったり、人間関係がギクシャクしたりしてしまいます。
そのため、ますます「気持ちなんて感じないほうがいい」「気持ちを感じてもつらいだけ」と思うようになります。

性暴力を受けた子どもによくみられる、こころの状態の特徴を3つ紹介します。
「怒りの火山」「気持ちの封印」「フラッシュバック」です。

【3-12】

▶▶ 学習の進めかた ◀◀

　性被害を受けた子どもが苦痛な感情でいっぱいになり、自分の気持ちについて話したがらなくなるのは当然です。それこそが、まさにトラウマ反応だからです。「そう思うのも、もっともだよ」「あまりにつらくて、気持ちをシャットアウトしてしまう子も多いんだよ」など、**一般化（ノーマライゼーション）**しながら、心理教育をしていきます。

　ここでは、子どもが自分の被害体験について詳細に語る必要はありません。ワークシートには、さまざまな子どもの事例が載っていますので、一緒に読みながら「あなたも、こんなふうに感じることがある？」など、子どもの気持ちを聴きましょう。

　心理教育の目的は、「自分がおかしいわけではない」「だれでもこうなるのだ」と知り、自己否定感や自責感を軽減させることです。その際、「反応や症状には個人差がある」ことを伝えるのも大切です。事例を読んで、「わたしはちがう」と思うことがあっても当然です。子どもが、「わたしはみんなとちがう、わたしはおかしいんだ」とか、「ここに書かれているのはでたらめだ」と思わないように、ていねいな説明をするようこころがけましょう。

6 性被害後の感情の特徴

性被害を受けた子どもによくみられる感情の特徴を、「怒りの火山」「感情の封印」「フラッシュバック」の３つの例で説明しています。どれも、苦痛な感情に対処するために生じやすいものです。

１）怒りの火山 [3-13, 14]

多くの子どもが悩まされるのがイライラや怒りの感情です。実際には、こころのなかには、さまざまな気持ちがわいているのですが、それをすべて怒りとして感じたり、別の感情を怒りのかたちで行動化したりすることがよくあります。そうした感情の特徴を、マグマが噴火する火山に喩えています。

▶▶ 学習の進めかた ◀◀

カツヤの事例をもとに、「怒りの火山」[3-13] のモデルを説明します。友だちに対してキレてしまったカツヤは、こころのなかにさまざまな気持ちが存在しているのですが、本人はそれに気づいていません。

ここでは、こころのなかにある苦痛な感情を「マグマ」に喩えています。地中深くにフ

【3-13】

【3-14】

ツフツと沸いているマグマは、不安や恐怖、悲しみ、焦り、恥、怖れなど、さまざまな感情を示しています。

　火山をかかえたままだと、カツヤのように暴言や暴力といった行動化でマグマを「噴火」させてしまったり、あからさまな行動化がなくても、ため息ばかりついたり、いじわるな言いかたをするといった「ガスもれ」が起きたりします。

　こころのなかにある自分の感情を理解することは、セルフ・コントロールのために欠かせません。比喩を用いながら、子どもが自分のこころの状態に気づけるようにサポートしましょう。

ワーク7

―怒りの火山【3-14】

　カツヤの例を参考に、自分の怒りの火山を描きます。子どもがマグマに相当する感情を思い浮かべられないときには、ワーク1で用いた感情リストを用いて、こころのなかにあると思う感情を考えるとよいでしょう。ワークシートに記入するのでもよいですし、画用紙を用意して火山のイラストやぬりえをするのもおすすめです。

　子どもが自分の怒りの火山を描きにくいときには、まず、支援者が自分自身の怒りの火山を描いて、例示してみせてください。そして、子どもの気持ちを聴きながら、支援者が子どもと一緒に怒りの火山を描いてあげましょう。

　自分の怒りの火山ができあがったら、子どもに説明してもらいます。「なるほど、すごくよくわかるよ」と子どもの表現を認め、じゅうぶんほめてください。

　次回以降のセッションでも、日常生活で怒りによる行動化が起きたときには、そのときの気持ちについて、怒りの火山を描きながらふりかえるのもよいでしょう。子どもの承諾を得て、生活を支援してくれている大人（親、里親、施設の職員、教員等）に作成した怒りの火山を見てもらうことで、大人が子どもの気持ちを理解し、共感を示しやすくなります。

2）感情の封印【3-15, 16】

　性暴力のあとに起こりやすい感情の状態として、**感情麻痺**の症状について説明します。感情麻痺とは、こころの傷を受けたときに、こころがそれ以上傷つかないように、感情がシャットアウトされ、さまざまな感情や感覚が感じにくくなる症状です。ここでは、「気持ちの封印」という表現で説明しています。

　「気持ちの封印」をすることで、子どもは一時的に苦痛を感じずにすむものの、自分がさまざまな感情を感じられなくなったことで喪失感をいだいたり、生活が無機質に感じられて抑うつ感が高まったりします。

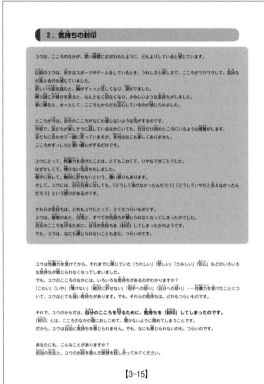

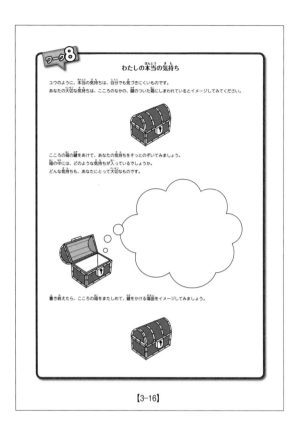

▶▶ 学習の進めかた ◀◀

　ユウの事例を読み上げて、ユウがそれまでに感じていた感情が感じられなくなったことについて説明します。ユウは自分の気持ちを感じられなくなったものの、実際には、こころのなかには、いろいろな気持ちが存在していることに注目しましょう。気持ちが封印されたようになる**感情麻痺の症状が起こるのは、苦痛な感情から一時的にこころを守るための自然な反応**であって、子どもがおかしくなったわけではないという心理教育をします。

　ユウの事例を読み上げたあと、「あなたはどう？」と訊いて、子どもと話し合ってください。

ワーク8 ──わたしの本当の気持ち【3-16】────────────

　カツヤとユウの事例から、こころには、自分が感じているよりもたくさん気持ちがあることが理解できたかと思います。ワーク8では、子どもが自分の気持ちに向き合い、自分の感情を書き出してみる課題にチャレンジします。

　ここでは、性暴力を受けていたときの気持ちではなく、今の気持ちについて考えます。ワーク1で作成した感情のリストや感情カードを使って、今の気持ちを選んでから、宝箱のイラストに書き込むのもよいでしょう。

　少し勇気をもって、自分のこころに向き合ってみる課題です。子どもが書ける範囲

のことでかまいません。ふだんよりじっくりこころのなかを観察したあとは、再び、それらの感情をこころのなかに安全にしまいこむイメージがもてるように、鍵のついた宝箱のイラストを用いています。書かれた内容について子どもと共有したあとは、「聴かせてくれてありがとう、大事にしまっておこう」と伝えます。

ステップ1で習ったリラクセーションスキルを用いて気持ちを落ち着かせてから、このワークを終了しましょう。

3）フラッシュバック【3-17】

フラッシュバックとは、被害を受けたときの記憶が生々しくよみがえる症状です。本人にとっては、今、目の前で性暴力が起こっているかのように感じられます。そのため、とっさに目の前にいる人をつきとばしてしまったり、恐怖や緊張でからだが固まってその場に立ちすくんだりしてしまうことがあります。**まわりの人には「急にキレた」とか「ボーっとしている」とみえるので、叱責や注意を受けることがあります。**本人もそれがフラッシュバックという症状であることを理解できておらず、どうしていいかわからないまま、このトラウマ症状にふりまわされてしまうのです。

また、フラッシュバックは、性被害を思い出させるトリガー（引き金）によって生じることが多いのも特徴です。

【3-17】

▶▶ 学習の進めかた ◀◀

ヒロの事例を読みながら、フラッシュバックについての心理教育をおこない、具体的な症状とトリガーについて説明しましょう。もし、子どもがフラッシュバックの症状に悩まされているならば、性暴力を受けた子どもによくある症状であることを説明し、その苦痛に理解を示しながら、子どもがおかしくなったわけではないと伝えます。

トリガーのコントロールやフラッシュバックへの対処は、ステップ4で詳しく学びます。ここでは、フラッシュバックというトラウマ症状があることを説明し、次の「もやもやスッキリ法」をやりましょう。

7 つらい気持ちをコントロールする【3-18】

　ステップ１で学んだリラクセーション法である「ほんわかイメージ法」と「ゆったり呼吸法」「あったか体操」に加え、さらに感情のコントロール法を増やしていきます。

　ここでは、子どもがふだんストレス発散法として使っている方法を見直し、よりよい対処法を選べるようにします。

　子どもが使っている対処法のなかには、「ゲームをしまくる」「お菓子を食べまくる」といった方法で、一時的に不快な気持ちを発散させ、なにかへの没入によって気分を変えようとする行動が含まれているかもしれません。なんらかの行動や物質に依存することによって、気分が高揚し、不快な感情や思考を忘れることができます。

　この高揚感は、**脳からドーパミンが分泌されることによって生じる興奮**であり、**快の感情が得られているわけではありません**。不快な感情がなくなったわけでもないので、あとからいやな気持ちにおそわれることになります。それから逃れようとして、さらに依存的な行動で対処してしまうと、不快な気持ちがいっそう高まってしまうという悪循環が生じます。また、より強い刺激を求めずにはいられなくなるため、ゲームの時間がどんどん長くなったり、それをしていないときはずっとイライラしてしまうようになり、事態は悪くなっていきます。

　こうした依存行動を、ここでは「しまくり法」と名づけています。メリットとデメリットを考えて、子ども自身がよりよいストレス解消法を選べるようにサポートしましょう。

もやもやスッキリ法【3-19, 20, 21】

　不安や緊張、憂うつな気持ち、イライラや怒りを撃退する方法を考えます。「しまくり法」ではなく、気分をスッキリさせられる方法を選びましょう。いつでもどこでもできる、お金をあまり使わずにできる、短時間でできる、そして自分のからだを傷つけない方法で、ほかの人の境界線を侵害しないかどうかをポイントにして考えるとよいでしょう。

▶▶ 学習の進めかた ◀◀

もやもやスッキリ法【3-19】

　ポイントを説明し、それらの条件に合う方法を子どもと一緒に考えましょう。すでに使っている方法があれば、続けていくよう促します。それまで何気なくやっていた方法が多いと思われますが、子どもが「これで自分の感情がコントロールできる」「自分はよい方法をたくさん知っている」と思えることに意味があるのです。「いい方法を知っているね、それはとっても効果があるはずだよ」と肯定的に受けとめて、子どもが「もやもやスッキリ法」を使う動機を高めてください。

なかには、「リストカット」などの自傷行為でスッキリさせていると述べる子どもがいるかもしれません。これまで、そうした行為で対処せざるをえなかった状況を理解し、どんな方法であれ、それが子どもにとって意味のあるものだったことを認めつつ、その方法のメリットとデメリットを話し合いましょう。リストカットをやめさせようとするよりも、子どもが安心してリストカットをしたくなるときの気持ちを話せるようになることが大切です。次のステップ4で学ぶ「着地法」なども活用しながら、少しずつ子ども自身がコントロール感を取り戻せるように支援していきましょう。

ホームワーク

　子どもが、自分の感情に目を向ける習慣をつけ、日常的に感情をコントロールできるようになることをめざします。「気持ちの温度計」は3回、「気持ち日記」は1回、「もやもやスッキリ法」は2回分の記入欄を設けていますが、セッションの頻度や子どもの状態に合わせて、ホームワークの量を調整してください。また、プログラムの最後まで、このホームワークを継続するのもよいでしょう【3-20】。

　子どもの生活を支える大人（親、里親、施設の職員、教員等）にも、子どものホームワークの内容を伝えておきます。子どもと一緒にホームワークに取り組んでもらい、子どもの気持ちを聴いてもらう機会を増やすとよいでしょう。

ステップ3のまとめ

　性被害によるこころの変化は、子どもをとまどわせるものです。怖れや不安、自責感などの感情に悩まされたり、感情を怖れたりするようになった子どもが、安全に自分の感情に向き合えるようになるために、ステップ3では心理面のトラウマ症状と対処法についての心理教育をおこないました。

　感情に関するワークは、平易な内容のものも多いですが、**被害体験のある子どもにとって、自分の気持ちに向き合ったり、他者に表現したりすることは簡単ではないことを忘れないようにしましょう。**子どもの取り組みをじゅうぶんにほめ、子どもが感じた気持ちへの理解を示しましょう。「わかってもらえた」という安心感が、自己肯定感と他者への信頼感を高めます。それが、子どもが回復するうえでの大きな力となるのです。

🌱 つらい気持ちをコントロールする ～もやもやスッキリ法～

これまで、不安や緊張、憂うつ、イライラ、怒りなどの気持ちを、どんなふうにスッキリさせてきましたか？

（男の子）イライラしそうになったら、ガムをかむ。いつも、持ち歩いているよ。

（女の子）好きな音楽を大音量で聴く、落ち込んでいるときは、明るめの曲を選ぶと気分もアップする。
それでも治らないときは、カラオケに行って何時間も歌いまくる！ すごくスッキリする。

いろいろな気持ちのコントロール法がありますね。
ステップ1で学んだ「ほんわかイメージ法」「ゆったり呼吸法」「あったか体操」も、続けていますか？
つらい気持ちをコントロールするのに、これらのリラクセーションはどれも役に立ちます。

では、「カラオケに行って、何時間も歌いまくる！」のは、よい方法でしょうか？
ほかに、似たものとして、「朝までゲームをしまくる！」「お菓子を食べまくる！」「買い物しまくる！」なんていうものもあるかもしれません。
なにかを「しまくる」方法を、「しまくり法」と呼んでみます。

こうした「しまくり法」のメリット（よい点）とデメリット（よくない点）を考えてみましょう。

メリット（よい点）	デメリット（よくない点）
□ 楽しい、おもしろい	□ お金がかかる
□ やりたいことだから、やりやすい	□ 時間がかかる（ほかのことができなくなる）
□ やっているあいだは、いやな気分を忘れられてスッキリする	□ いつでもできるわけではない（学校ではできない）
	□ あとから後悔することがある（「お金がなくなっちゃった」「太っちゃった」）
	□ どんどんハマってしまう（もっと強い刺激がほしくなる）
	□ まわりの人に迷惑をかけることがある

「しまくり法」はたしかにどれも楽しくて、やっているあいだは、いやな気分を忘れられるものです。
この感情感（「アガる感じ」「ハイな感じ」）は、脳のなかで興奮を高めるドーパミンが分泌されたことで感じるものです。
ドーパミンの分泌によるいわば錯覚のようなものなので、本当の充足感が得られるわけではありません。

また、遊びすぎたり、食べすぎたり、お金を使いすぎたりすると、新たな問題（成績が下がる、太る、お金がなくなる、人との関係が悪くなるなど）に悩まされることになります。

【3-18】

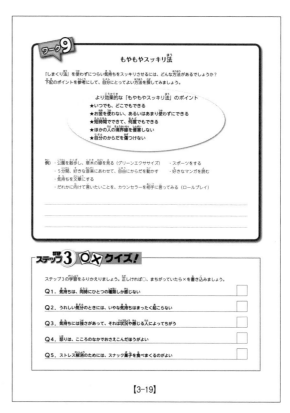

ワーク9　もやもやスッキリ法

「しまくり法」を使わずにつらい気持ちをスッキリさせるには、どんな方法があるでしょうか？
下記のポイントを参考にして、自分にとってよい方法を探してみましょう。

より効果的な「もやもやスッキリ法」のポイント
★いつでも、どこでもできる
★お金を使わない、あるいはあまり使わずにできる
★短時間でできて、何度でもできる
★ほかの人の境界線を優先しない
★自分のからだを傷つけない

例）・公園を散歩し、樹木の緑を見る（グリーンエクササイズ）　・スポーツをする
・5分間、好きな音楽にあわせて、自由にからだを動かす　・好きなマンガを読む
・気持ちを文章にする
・だれかに向けて言いたいことを、カウンセラーを相手に言ってみる（ロールプレイ）

ステップ3 ○×クイズ！

ステップ3の学習をふりかえりましょう。正しければ○、まちがっていたら×を書き込みましょう。

Q1．気持ちは、同時にひとつの種類しか感じない　□

Q2．うれしい気分のときには、いやな気持ちはまったく起こらない　□

Q3．気持ちには強さがあって、それは状況や感じる人によってちがう　□

Q4．怒りは、こころのなかでおさえこんだほうがよい　□

Q5．ストレス解消のためには、スナック菓子を食べまくるのがよい　□

【3-19】

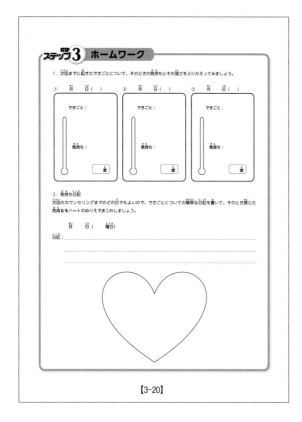

ステップ3 ホームワーク

1. 次回までに起きたできごとについて、そのときの気持ちとその強さをふりかえってみましょう。

① 月 日　② 月 日　③ 月 日

できごと：　できごと：　できごと：

気持ち　気持ち　気持ち

（　度）　（　度）　（　度）

2. 気持ち日記
次回のカウンセリングまでのどの日でもよいので、できごとについての簡単な日記を書いて、そのとき感じた気持ちをハートのぬりえであらわしましょう。

月　日（　曜日）

日記：＿＿＿＿＿＿＿＿＿＿＿＿＿＿＿＿＿

【3-20】

3. もやもやスッキリ法
もやもやスッキリ法を使ってみましょう。
やる前と、やった後の気分の変化を「こころの温度計」（0度～100度）で測ってみましょう。
感想も一緒にどうぞ！

例1）状況：お兄ちゃんとケンカした

もやもやスッキリ法：公園でドッジボールをする

気持ち：イライラ
やる前　70度　→　やったあと　5度

感想：みんなとからだを動かしたらスッキリした。疲れたので、よく眠れた

例2）状況：学校の先生に注意された

もやもやスッキリ法：ゆったり呼吸法

気持ち：イライラ
やる前　100度　→　やったあと　85度

感想：まだイライラしているけど、少しはマシになった。

① 状況：

もやもやスッキリ法：

気持ち：
やる前　　度　→　やったあと　　度

感想：

② 状況：

もやもやスッキリ法：

気持ち：
やる前　　度　→　やったあと　　度

感想：

【3-21】

からだと行動の変化

　性暴力による影響は、子どもの身体面と行動面にも及びます。子どもの場合は精神的な苦痛より身体的な不調を訴えるほうが多いでしょう。行動や生活の変化によって「なにかあったのかもしれない」と周囲の大人が気づくこともあります。

　しかし、多くの子どもは、そうした自分の体調不良や生活上の問題が、性被害に関連したものだと自覚できません。そして、「自分がおかしくなってしまったんだ」と思い、「こんな自分はダメだ」と自信を失っていきます。

──突然、あのときのことを思い出して、息が苦しくなる。頭のなかはパニック！
──どうしても被害にあった場所が通れなくて、友だちと一緒に登校できないんだ。
──自分でもどうしてかわからないけど、エッチなサイトを見ずにいられない。

　性暴力を受けたことで、性に対する子どもの価値観や態度、そして性行動も変化します。性に対して、否定的・回避的な態度をとる子どももいますが、一方で、性的な関心が強まったり、性的な刺激を求めやすくなったりする子どももいます。被害を受けたことによる他者への不信感や自己否定感による自暴自棄が、リスクのある性行動につながる場合もあります。

　こうした子どもの行動は、性被害による影響が大きいと考えられますが、周囲から叱責や非難を受けやすいものです。「あの子は性的に奔放だから……」「好きでやっているんだろう」と、批判的なまなざしが注がれがちです。

　ステップ4では、性暴力によるからだや行動への影響、生活への影響を学びます。子どもが自分の症状を自覚することは、セルフ・コントロールに欠かせません。子どもを支援する大人（親、里親、施設職員、教員等）にも、トラウマ症状についての心理教育をおこない、日常生活のなかでサポートしてもらえるように、具体的な対応の仕方を伝えましょう。

　このステップでは、からだや性行動についての学習を含むため、ティーンズ向けの情報も掲載しています。性に関する正しい知識を学ぶことが、肯定的なセクシュアリティのとらえかたにつながるでしょう。一緒に読みながら、子どもの不安に応えてください。

　感情や行動のコントロールを身につけることは、子どもにとっては大きなチャレンジになりますので、子どもの気持ちに寄り添いながら、励ましていきましょう。

性被害によるからだへの影響【4-1, 2】

性暴力を受けたことにより、からだにさまざまなストレス反応が生じます。子どもの場合、不安や混乱がうまく言葉で表現できず、腹痛や頭痛などの身体的な不調や、外出不安や集中力の低下といった行動面の変化に表れることがあります。こうした不調や変調は、子どもの日常生活に支障をきたします。

性的虐待のように、幼いときから長期的に被害を受けていると、子どもは自分のからだの状態に気づくのがよりむずかしくなります。トラウマ反応である感覚麻痺によって、からだの痛みや苦痛を感じにくくなっていることもありますし、自分自身のからだへの関心が低下していることもあるからです。つねに緊張や不安を感じる環境で暮らしており、慢性的な不調が続いていると、心身ともにリラックスした状態というのがわからない子どももいます。リラックスするとむしろ不安になるという子どももいます。

まず、自分のからだに目を向け、その感覚や状態に注目していきます。自分のからだを意識していくことが、からだを自分でコントロールすることにつながります。

ワーク1 からだスキャン【4-2】

右のスペースに人型のイラストを描いてから、からだのそれぞれの部位の感覚や状態を書きこみます。これによって、自分のからだに意識を向けていきます。

ふだん意識していないからだの部位にも注目し、痛みや不快感がないか確認します。からだの不調に自分で気づけるようになることで、ケアを受けやすくなります。また、調子のよいところもあるとわかると、安心できるでしょう。

ステップ3の気持ちの学習でも、感情とからだの反応のつながりについて取り上げました。復習として、「イライラしたとき、どこがどうなる？」「お腹が痛くなるときって、どんな気分のとき？」など、感情と関連させながら話し合うのもよいでしょう。

性被害を受けた子どもは、自分のからだに嫌悪感や違和感をもっていることがあります。子どもが自分のからだをどう認識しているかを気にとめながら、子どものペースでからだについて考えていけるようにサポートしましょう。

▶▶ 学習の進めかた ◀◀

ワークシートに書き込む方法のほかに、大きめの画用紙や模造紙に、子ども自身で人型を描き、それをワークの台紙にするのもよいでしょう。子どものボディイメージが表現されるかもしれません。

画用紙や模造紙に人型を描いたら、それぞれの部位がどんな調子であるかを書き込みま

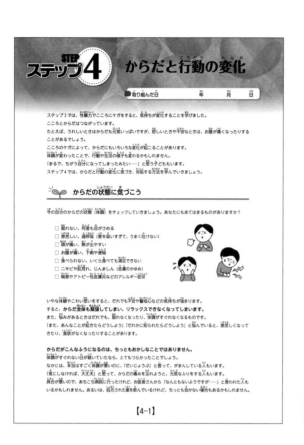

【4-1】

【4-2】

す。最初は、「お腹の調子はどう？ 痛い？ お腹いっぱい？」など尋ねて、イラストのお腹の部分に子どもの言葉を記入してみせます。やりかたが理解できたら、子どもが書きやすいところから記入していきます。

不調なところだけではなく、調子のよいところやいつもどおりのところも、できるだけたくさん記入しましょう。子どもが気づいたことは「よく気づけたね、そんな感じがするんだね」と、じゅうぶんに受けとめましょう。

2　行動や生活の変化 [4-3]

体調の変化が生じたことで、行動や生活にも影響が及びます。ステップ3で、こころとからだのつながりを学んだように、ここでは、からだと行動がつながっていることを説明します。

例えば、体調不良が続くことで、次第に学校の欠席が増えたり、成績が下がったりするようになります。友だち関係にも影響が及びます。

さらに、トラウマ反応である過覚醒によって、過剰に周囲を警戒するようになり、落ち着くことができなくなったり、集中力が低下したりします。不眠症状による睡眠不足も重なり、つねにイライラと落ち着かない状態になりがちです。学校で落ち着いて授業を受けたり、友だちと過ごすことがむずかしくなり、「落ち着きのない子」とか「キレやすい

子」と誤解されることがあります。ミスやトラブルも増えてしまうので、子ども自身も自信を失ってしまいます。

　また、回避症状のために行けない場所があるとか、できない活動がある子どもも少なくありません。本人は、別の理由をあげるので、周囲も回避症状になかなか気づけません。

　一方、「自分はおかしいかもしれない」と思って、周囲の目を意識するようになり、過度に気を使うようになったり、無理にがんばって「よい子」であらねばと考える子どももいます。こうした過剰適応は、子どものストレスをかえって高めてしまい、リストカットなどの自傷行為の一因にもなりかねません。

　こうしたさまざまな問題は、体調の変化によるだけではなく、子どもの生活環境が影響しているかもしれません。性被害を受けたことで、医療機関へ通院しなければならなくなったり、警察での事情聴取や裁判での意見陳述などに応じなければならなくなったりするのも、子どもには大きな負担になります。加害者との関係などから、被害者の家庭のほうが引っ越しや転校を余儀なくされることもあります。当然、被害を受けた子どもの家族にも大きな影響が及び、保護者やほかの家族のストレスは相当なものです。それによって、家族内の緊張や葛藤が生じることもあります。そうした家庭環境の変化が子どものストレスとなり、症状を悪化させていることもあります。

　周囲の大人に心配されていると感じると、うれしい気持ちだけではなく、迷惑をかけて申し訳ないという罪悪感をいだいたり、周囲の気遣いをうっとうしく感じたり、恥ずかし

く思ったりする子どももいます。

　生活上のストレスや身近な人に対する率直な気持ちは、親や施設職員にはかえって話しにくいものです。「生活のなかでストレスを感じる子どももいるよ」と心理教育をしながら、子どもの気持ちをよく聴く姿勢が求められます。

▶▶ 学習の進めかた ◀◀

　子どもが自分の行動の変化や生活の様子に目を向けるために、性暴力の前後の生活状況を比べてみましょう。以前はできていたのに、今はできなくなったことがあるかもしれません（例えば、ひとりで外出する、ひとりで寝るなど）。また、以前はしていなかったのに、今はするようになったこともあるはずです（例えば、ドアの施錠を気にするようになった、携帯電話を手にしながら歩くようになったなど）。また、これまでと変わっていない部分、維持できている活動もあるでしょう。

　子ども自身が自分の生活を見直すことで、これまで心理教育で学んできたトラウマ症状が具体的にどんなふうに生じているのかを理解することができます。カウンセラーにとっても、子どもの生活状況を把握することで行動面のトラウマ症状をアセスメントできます。子どもに必要な対処スキルを考えるうえでも役に立ちます。

——以前の生活と今の生活 【4-4】 ————————————

ワーク2

　記入例を参考にしながら、３つの欄に記入していきます。幼少期から長期的な性的虐待を受けているケースでは、性被害を受ける前の生活は覚えていないかもしれません。そうした場合は、例えば「去年と今のちがい」など、時間の経過によって変化した行動がないかを確認するのでかまいません。

　なかには、トラウマ症状と関係のないエピソードも出てくるでしょう（例えば、「以前の親友は引っ越してしまったので今は会えない」といった外的な要因によるできごとなど）。それも、以前の生活を具体的に思い出すのに役立つ情報ですから、「その親友と遊んでいたときと、今の別の友だちと遊ぶのでは、なにかちがう？」など質問しながら、子どもの人間関係や生活が変わっていないかに注目します。

　子どもが自分の生活の変化に気づけたら、よくほめてください。子どもは「以前と比べて、わたしの生活は悪くなっている」と思うかもしれません。この課題は、生活の変化に気づくのが目的です。子どもが自分の生活の様子に気づけたことでいろいろな情報がわかったと伝え、子どもの取り組みを評価しましょう。そして、子どもが「悪くなっている」と感じた部分は、性被害の影響かもしれないと心理教育をおこないます。

3　性暴力によるからだや行動の変化

　性暴力による身体的な外傷と、身体面に生じるトラウマ症状（フラッシュバック、回避行動、性的な行動化）についての心理教育です。

１）性暴力によるケガや病気 【4-5】

　まず、性暴力による身体的な外傷として、被害時のケガや病気について確認します。ワーク１でやった「からだスキャン」の手法で、プライベート・パーツについてチェックします。性被害を受けたときに押し倒されたり、無理やりからだをつかまれたりして、すり傷や切り傷、打撲、あざなどができることがあります。性暴力によって、性器や肛門の裂傷などの外傷を負うこともあります。

　また、相手の性器を自分の口に入れられたことで、口唇が切れたり、顎関節が外れたりすることもあります。目立った外傷がなくても、口に食べものを入れると、性器を口に含まされた感覚がトリガーとなって、フラッシュバックを起こしたり、気分が悪くなったりすることもよくあります。食物の舌触りや風味に過敏になる子どももいます。

　性暴力によって性感染症にかかり、かゆみや違和感が生じることもあります。男の子であればペニスに発疹ができたり、女の子ならばおりものの色やにおいが変わったりすることで性感染症に気づく場合もありますが、はっきりした症状が出ないことも多いので、注意が必要です。とくに女の子の場合、性感染症にかかると不妊や出産時の母子感染などのリスクが高まります。検査をして治療を受けることが大切です。

　女の子によくある身体的症状として、ひどい生理痛や生理不順があります。ストレスによって月経時の症状が重くなったり、さらに性感染症によって悪化したりします。

　プライベート・パーツの話をするのに、抵抗感や恥ずかしさを感じる子どもは少なくありません。だからこそ、プライベート・パーツは「あなたの大切なからだの一部」であると伝えることも重要な心理教育になります。性被害を受けたことで、「自分のからだは以前とは変わってしまった」と、からだに対してネガティブなイメージをいだいている子どもには、「膣やペニス、肛門の傷も、ほかの傷と同じように、きちんと手当てをすれば治る」という医学的な根拠を示すのが有効です。婦人科などの病院受診に抵抗を感じる子どもや保護者もいますが、プライベート・パーツの手当てをすることは恥ずかしいことではなく、健康を守るための前向きでよい行動であることを伝えましょう。

２）フラッシュバック 【4-6】

　ステップ３でも説明したフラッシュバックについて、さらにトリガーに関する心理教育を加えます。トラウマとなった場面を思い出すような刺激をリマインダーといい、なかでもフラッシュバックを引き起こすような直接的な刺激をトリガー（引き金）と呼ぶことが

今のあなたは、以前と比べて、できなくなったこと、やるのが大変になったことがあるかもしれません。
以前だったら、あたりまえのようにできていたことができなくなったり、ちょっとしたことなのにうまくこなせなくなったりしているかもしれません。
失敗が増えたり、友だちとの約束を忘れてしまったり、授業中にうわのそらになってしまったり……
もしかしたら、それによって「しっかりしなさい」「どうして約束を破ったの？ ひどい！」「なんでできないんだ」などと怒られたり、責められたりしたこともあるかもしれません。

うまくやれなくなってしまったのは、「こころのケガ」の影響かもしれません。
あなたの能力がなくなってしまったわけではありません。
こころのケガが回復して、あなた自身のもっている力がちゃんと発揮できるようになるでしょう。

性暴力によるからだや行動の変化

からだや行動の変化のなかには、性暴力の被害を受けたこと直接関連するものがあります。

性暴力によるケガや病気

からだの栄養のなかには、性暴力によって生じたケガや病気もあるかもしれません。
プライベートパーツ（ステップ2で学びましたね！）の状態も、「からだスキャン」をしてみましょう。
あなたにもあてはまるものがありますか？

□ 被害を受けたときに、からだを押されたり、組んだりしたことによるケガ（胸や脚、腰など）
□ 口のなかに食べものや飲みものを入れると、吐きそうになる
□ プライベートパーツのケガ
□ プライベートパーツが痛かったり、かゆかったりする
□ （女の子の場合）生理痛がひどい、生理不順、生理が予定よりも遅れている

このほかに、からだの調子で変化したこと、気になることがあれば、書き出しましょう。

プライベートパーツは、からだの大切な部分です。違和感があるときは病院に行きましょう。
はずかしがる必要はありません。からだの健康を守るために大切なことです。
プライベートパーツのなかでも、性器（女の子なら腟と肛門、男の子ならペニスと肛門）は、やわらかい部分で、子どもの場合はとくに無理にさわると、ケガや病気をしやすいところです。
きちんと手当をすれば、性器の傷や病気はちゃんと治ります！
そのためにも、お医者さんに手当をしてもらいましょう。

【4-5】

フラッシュバック

フラッシュバックとは、性被害を受けた当時の記憶が生々しくよみがえって苦しくなる症状です（ステップ3）。
できごとを思い出す「きっかけ」となるようなことがあると、フラッシュバックは起こりやすくなります。
フラッシュバックが起こるきっかけになることを、トリガー（ピストルの引き金という意味です）といいます。
性被害を受けた子どもの多くが、フラッシュバックの症状に悩まされています。

加害者に似た人を見ると、パニックになって、逃げ出してしまいます。
休み時間に、友だちがぼくの背中をふざけてポンッとたたいたときも、ものすごくびっくりして、とっさに「やめろ！」と大声で叫んでしまいました。友だちは悪気なかったのに……。

「場所」「人」「話題」「からだをさわられること」などは、よくあるトリガーです。ほかにも、気分が悪くなりやすい特定の音や色、景色などもあります。それらができごとの記憶を思い出させるトリガーになっているのです。
ということは……そうです！ トリガーがわかっていれば、事前に対応策を考えておくことができます。
ほかの子どもたちのアイデアを聞いてみましょう。あなたにも役立つ方法がありますか？

被害にあった場所を通るときは、「ゆったり呼吸」をして、ドキドキをしずめています。
男の先生を見ると緊張するけど、自分で「ここは学校、あの人は先生」と言い聞かせています。

担任の先生と相談して、友だちには「急にさわられるとびっくりするから、ふぞときは声をかけてくれる？」と頼むことにしました。友だちも「わかった」と言ってくれました。

これまで身につけてきたいろいろな対処法（ほんわかイメージ法、ゆったり呼吸法、あったか体操、もやもやスッキリ法）を使ったり、ほかの人のサポートを受けたりしていけば、フラッシュバックが起きても早めに落ち着くことができるはずです。ステップ4の最後では、新しい対処法（離地法）も紹介しますよ。

わたしの危険信号

こころやからだの変化が起こるのは、どんなときでしょうか？
「いつもイライラする」とか「調子が悪い日と悪い日がある」と感じていたかもしれませんが、よく考えてみると、イライラしやすいときや調子が悪い日には、なにかのきっかけがあるかもしれません。
ここでは、フラッシュバックに限らず、気分が悪くなるときや、よくない行動（キレる、人やものにあたる、リストカットをしたくなる、衝動的な行動をとるなど）をとりやすい状況をみつけていきましょう。
それが、あなたの危険信号（トリガー）です。

例）・被害にあった公園を通るとき
・自分の背後に、人が立ったとき
・先生にきつく注意されたとき

【4-6】

あります。

　ほとんどの子どもは、ある状況や刺激が「苦手」であり、心身の不調が生じることは実感しているものの、そのつながりをわかっていないことがよくあります。つまり、子どもは「どうして具合が悪くなるのか」が自分ではわからないため、「また具合が悪くなるかもしれない」とつねに不安にならざるをえないのです。

　多くの場合、子どもが不調をきたす際は、なんらかの状況や刺激がトリガーになってフラッシュバックなどが生じています。しかし、子どもは苦痛や不調を引き起こすトリガーについてできるだけ考えないようにして、それらを回避することで対処しようとしています。そして、ふいにトリガーにさらされると対処できず、なすすべがないという無力感が高まってしまうのです。

　そのため、トラウマ反応は、トリガーによって引き起こされることが多いという心理教育をおこなう必要があります。性的トラウマのよくあるトリガーには、下記のようなものがあります。

●**加害者に似たもの**（例：似たような背格好の人物、加害者と同性の人物、加害者と似た名前、加害者と似た声や口調や言い回し、加害者と似たにおい）
●**被害を受けた場所**（例：被害現場、似たような環境やその名称）

- **被害のときに近い状況**（例：着替えをする、裸になる、入浴をする、寝具に横になる、寝室にだれかが入ってくる）
- **被害のときに目にしたものや関連のあるもの**（例：加害者の着衣の色、現場にあった物品、そのときに着ていた衣服）
- **被害に関連する感覚**（例：被害を受けた時間帯や季節、被害のときのにおいや音）
- **身体的な接触**（例：抱きつくなどの性的な接触、握手や体操などの一般的な接触、布団や地面に背中が触れる感覚）
- **性犯罪に関する情報**（例：ニュースや新聞の記事）
- **性や性暴力に関する情報**（例：性教育の授業、友だち同士の性的な話題、メディアの報道などの性情報）

　これらをふまえて、子どもの話を聴きながら、その子にとってのトリガーを探しましょう。トリガーを特定することができれば、それを意識的に避けるという行動上の対処をおこなったり、トリガーに接したときにはリラクセーションスキルを用いるなどの感情・身体面の対処をとったりすることができます。身近な人のサポートを得ながら、トリガーやそれによる反応に対処することもできるでしょう。

　フラッシュバックの症状に対して主体的な対処をおこなっていくことで、子どもの自己効力感が高まり、自信を取り戻していくことができます。

▶▶ 学習の進めかた ◀◀

――わたしの危険信号【4-6】

ワーク3

　子どものトリガーを特定していきます。フラッシュバックに限らず、イライラしやすいときや、からだの不調が起こりやすいのはどんなときか、子どもと話し合います。

　子どもがトリガーに気づきにくいときは、先に「気分が悪くなった」「イライラしてとめられなくなった」「教室を飛び出した」「暴力をふるった」などの子どもの反応や行動を挙げてから、「いったい、その前になにがあったんだろう」とそれに先行する条件や状況を探っていきます。「気分が悪くなったとき、どこにいたの？　なにがあった？　時間は何時頃？」など、細かく訊いていきます。

　「イライラするのは、いつも！」「たまたま、その日は気分が悪かったんだ」などという子どももいるでしょう。トリガーについて考えること自体が、子どもにとってはトリガーとなりうる状況です。そのときは、「今、どんな気分？　気持ちの温度計（ステップ3）でいうと何度？」と気持ちを確認しながら、「フラッシュバックのときのことを考えるとこわくなって、イライラしてくるんだね」と受けとめます。そし

て、「トラウマを思い出す話をすることが、まさにトリガーになっているってことだよ」と説明をして、ワークシートに書き加えます。リラクセーション法を一緒にやって、気持ちの温度計が下がるまで続けましょう。

　子どもにとって、トリガーはおそろしいものですが、実際には危険なものではありません。「トラウマのことを話す」ことは不安を高めますが、トラウマについて話したからといって現実的な危険はないのです。リラクセーション法で落ち着いたあとは、「大丈夫だったね」「よく落ちつけたね」と、子どもがうまく対処できたことをじゅうぶんにほめましょう。

施設におけるさまざまなトリガー

　虐待を受けた子どもたちが生活する施設では、職員やほかの子どもの行動（大きな声、急な身体接触、ちょっとした性的言動）、また保護者からの電話や面会がトリガーとなることがあります。

　まず、生活のなかでなにが子どものトリガーとなっているのかを特定し、子どもが安心・安全に生活できるように、トリガーを管理することが求められます。トリガーを完全になくすことはできませんが、できる限りトリガーとなる刺激を調整し、トリガーに触れたときの子どもの対処スキルや施設職員の介入スキルを高めることが望まれます。

　施設全体で、子どものトラウマ症状を前提としたケア体制をつくっていくことが求められます。

3）回避行動 [4-7]

　トラウマ症状のひとつである回避症状は、「いやなことはできるだけ避けたい」という一般的な逃避とは異なり、本人にとって、どれほどやりたいことや必要に迫られたことであったとしても、トラウマを思い出してしまうためにできなくなってしまっている行動をさします。

　実際の危険性がないにもかかわらず、恐怖のために被害現場近くの道を通れないとか、乗りものに乗れない、人混みに行けないといった回避症状があると、生活に大きな支障をきたすことになります。実は回避症状があるにもかかわらず、子どもが別の理由（「あっちの道のほうが便利だから」「なんとなく変えただけ」など）を口にすることで、身近な大人がトラウマ症状に気づけていないこともあります。子どもがなにか困っていないか、よく確認しましょう。

4）性的な気持ちや行動の変化 [4-8]

　性的トラウマの影響として特徴的なものが、性的な気持ちや行動の変化です。性被害の

あと、性を回避するようになる子どももいますが、性的な言動が増えて、性の行動化が目立つようになる子どもは少なくありません。

性的な興味や衝動が高まり、マスターベーションが増えたり、すぐにセックスを伴う関係に至りやすくなります。肌を露出した挑発的な服装を好むようになったり、性的な発言や態度が目立つようになることもあります。

こうした行動化は、性被害による混乱や不安の表れであるかもしれません。不安な気持ちや満たされない思いがあるとき、あるいはイライラしたり自暴自棄になったりしたときに、性的な言動によってそうした気持ちを鎮めようとするのです。

ステップ3で学んだ「しまくり法」と同じ、依存による対処行動のひとつといえます。そうせずにはいられないものの、すればするほど不快感情が高まり、いつまでも安心感や満足感を得ることができません。

▶▶ 学習の進めかた ◀◀

まず、こうした性的な行動化が、性被害による反応かもしれないという心理教育をおこないます。

性的な行動化はトラウマ反応であり、子どもの性的な道徳性やセクシュアリティを示すものではありません。これまで子どもは周囲から「モラルに欠けた子だ」と非難されたり、「性欲が強いのだろう」と誤解されたりしていたかもしれません。子どももまた、そ

回避行動 【4-7】

危険信号（トリガー）のあるところは、フラッシュバックが起こりそうで近づけなくなることがあります。
性被害を思い出させる場所や人、状況、時間、話題などを避けてしまうのです。

だれでも、いやなものには近づきたくないと思うのは当然ですが、それでもたいていは、必要にせまられてなんとかすることができます。
たとえば、「あの、こわそうな犬がいる家の前を通るのはいやな」と思いながらも、わざわざ遠回りするほどではないと思い、そっと通り過ぎたりするでしょう。少し不安になりますが、いつもどおりに登下校することができます。

ところが、以前、別の犬に噛まれて、大ケガをした人ならどうでしょう？
「あそこに犬がいる」と思うだけで、噛まれたときの痛みや恐怖がよみがえって、息が苦しくなってきます。
早く学校に行かなくちゃと思っても、足がすくんで動けません。
「行かなくちゃ」という意思に反して、どうしてもからだが動かなくなるのです。

こころがケガをすると、こんなふうにどうしても近づけないとか、今までどおりできないことがあります。
性被害を思い出させるものを避けてしまうことは、回避症状と呼ばれています。

電車内で被害にあってから、どうしても電車に乗れません。すごく不便だけど、乗れないんです。

プールでいやな目にあったことがあるから、もうプールは行きたくない、今年の夏も一度も行かなかった。

あの日に着ていた服は、ずっとクローゼットにしまったまま。お気に入りだったけど、着るとあの日のことを思い出してしまうから……

電車に乗れたほうが便利だし、本当は友だちとプールに行きたいし、気に入った服も着たい……
そう思っているのに、避けてしまうのは、けっしてその人が弱いからではありません。
あなたも、避けている行動がありますか？　先生と話し合ってみましょう。

性的な気持ちや行動の変化 【4-8】

性被害を受けたことで、性的な気持ちや行動が変化することがあります。
たとえば、だれかに性的なタッチをしたくなったり、からだが性的に興奮してムズムズしたり、性やセックスのことばかり考えてしまうことはないでしょうか。

性被害を受けたあと、次のような行動が増えることがよくあります。
あなたにもあてはまるものがありますか？

☐ エッチなサイトを見ずにはいられなくなる
☐ からだが性的にムズムズする
☐ 自分の性器をしょっちゅう触る
☐ 肌を露出した服を着て、親や先生から注意される
☐ 夜中の繁華街など、声をかけられそうな場所へ出かける
☐ SNS（ソーシャルネットワークサービス）などで知り合った人に会いにいく
☐ すぐにセックスをしようとしてしまう
☐ 人のからだ（性器）に触りたくなる

性被害を受けたあと、このような性的なふるまいや行動が増えることがあります。

こうした性的なふるまいや行動は、お互いを大事に思うような自然な気持ちによるものとはちがいます。
自然な気持ちによる性行動は、あなたが安心して、だれかと親密になりたいと思うときの性行動です。
ですが、今のあなたの性行動は、あなたが不安なときや、自分や相手を大事に思えないとき、考えなしに行動してしまうときに起きているのではないでしょうか。

不安や心配をしずめるための性行動は、自然な気持ちによる行動とは、性被害の影響で起きています。

もし、不安や心配をかかえたまま、あるいは衝動的な性行動をとってしまうと、どうなるでしょうか？
いくら性行動をしても、安心したり、リラックスできたりすることはありません。
むしろ、「どうしてあんなことをしてしまったんだろう」「自分は悪い子だ」と落ち込みやすくなったり、性行動をとったときにいやな思いをしたり、また性被害にあったり、からだに影響がでたりします。

こうした不安や心配をしずめるための性行動や衝動的な性行動には、次のようなリスク（危険）があります。

うした批判を内在化し、「自分はほかの人とはちがう」とか「自分はエッチが好きなんだ」「自分はセックスがなくては生きていけない」と思い込んでいることがあります。

「性被害にあうと、そうせずにはいられなくなることがあるよ」と心理教育をおこない、ほかのトラウマ症状と同じように、性的な衝動や行動もコントロールできるのだということを伝えましょう。性的な衝動や行動のリスク【4-9】についても説明しましょう。

思春期の子どもであれば、ティーンズ向けの「セクシュアリティについて知ろう」【4-17】と「セックスってなんだろう」【4-19】の内容も、ぜひ取り上げてください。

④ からだのセルフケア【4-10】

からだに対する簡単なセルフケアを紹介します。子どもが自分のからだの状態に気づき、セルフケアによって心地よい感覚を味わうことで、からだの感覚を高めていきます。自分のからだを気にかけて、ケアできるようになることは、からだを大切にしていくことにつながります。

▶▶ 学習の進めかた ◀◀

どれも簡単な方法ですので、カウンセリングのなかで子どもと一緒にやってみたあとは、家（施設）でも続けるように促しましょう。

① ぽかぽかタイム

からだの一部を温めることにより、温められた血液が体内をめぐり、全体的にじんわりと温かさを感じることができます。タオルを浸すお湯に、数滴のアロマオイルを入れるのもよいでしょう。子どもが気に入った香りがあれば、ハンカチに含ませて持ち歩くのでもよいでしょう。どこにいても、不安や緊張が高まったときに、好みの香りで落ち着くことができます。温かい飲み物をゆっくり飲むのも、からだを温め、心身をリラックスさせるのに効果的です。

② セルフマッサージ

自分の手でハンドマッサージをおこなうものです。子ども自身の手のぬくもりで、安心感やリラックス効果を得るものです。

③ からだづくり

基本的なことですが、規則正しい生活やバランスのよい食事、運動は、なによりも有効なセルフケアになります。短時間でよいので、からだを動かしたり、少し負荷のかかる筋トレをすることは、トラウマの回復にも役立つといわれています。

不安や心配をしずめるための性行動や衝動的な性行動のリスク

□ **自分がいやな思いをするかもしれない**
こころやからだが不安定なときは、いやなことがあっても自分の意見が言いにくくなるので、言いなりになることが増え、あとから自己嫌悪を感じることがあります。

□ **また性被害にあうかもしれない**
肌の露出が増えたり、知らず知らずのうちに相手のからだに触れたりしていると、自分はそのつもりはないのに、相手に誤解されて、性的なことをするように求められたり、トラブルに巻き込まれたりすることがあります。

□ **ハマってしまって、さらにいやな気持ちになるかもしれない**
性のことばかり考えたり、ネットで調べたりしていると、どんどんハマってしまいます。ステップ3で学んだ「しまくり法」のデメリットを思い出しましょう。夢中になっているあいだは、いやなことを考えずにすみますが、こころはちっとも満たされず、あとでよけいにいやな気持ちになったり、やるべきこと（自分をケアすること、友だちや家族とすごすこと、学校に行ったり、規則正しい生活を送ることなど）ができなくなってしまいます。

□ **自分が性行動のルールを破ってしまうかもしれない**
イライラしていて衝動的にふるまってしまうときは、ルール破りをしやすくなります。自分の怒りを、よくないあらわし方で発散させてしまうからです。そのため、「自分がされたんだから」とほかの人を傷つけてしまうことがあります。あなたは被害者ではなく、加害者になってしまうかもしれません。

性被害のあと、性的な気持ちが高まったり、性行動が不安定になったりするのは、よくあることです。

性欲が高まっているせいだと思うかもしれませんが、本当は**不安な気持ちやイライラ、孤独感や無力感が強まっている**せいなのです。
だから、性的な行動をしても、気持ちはちっともスッキリしないのです。

自分が「性的な気分になってきた」「性行動をしてしまいそう」と気づいたら、これまで学んできたリラクセーション法をやってみましょう。

また、そうした気持ちをカウンセラーの先生に話してみましょう。

【4-9】

🌱 からだのセルフケア

性暴力によってこころがケガをすると、からだも不調になったり、行動が変化したりします。
ケガを治すのは「お医者さん」というイメージがあるかもしれませんが、自分自身でケアすることもできます。
それを**セルフケア**といいます。ケアというのは、「手当」という意味です。
そう、痛む部分にそっと手をあてて、あたためながら、あなた自身が回復していく力を引き出すのです。
簡単にできるセルフケアを紹介します。

ぽかぽかタイム
1. 蒸しタオル
お湯にひたして絞ったタオル（濡れタオルを数秒間レンジであたためてもよい）を、まぶたのうえに乗せて、目をあたためましょう（手で触れるくらいの温度にさましてから使いましょう）。
もう一度、タオルをあたためて、今度は首のうしろにあてましょう。
顔の奥や肩まで、じんわりあたたかくなるでしょう。
あたためながら、「ゆったり呼吸」（ステップ1）をやるのがおすすめです。
タオルが冷えてくる前に、終了しましょう。

2. ホットミルク
冷たいジュースの代わりに、あたためた牛乳やココアを飲むと気分が落ち着きます。
よく眠れないときは、寝る前に、あたためた牛乳をゆっくり飲んでみましょう。

セルフマッサージ
自分の手のひらを、もう片方の手の指で軽く押していきます。
手のひら全体、そして指、爪……少しずつもんでいきます。
手のひら全体があたたまってきたら、反対も交代します。
あたたまった手のひらを、自分の顔にあててみましょう。
次に、両目を覆うように、頬をあたためましょう。ゆっくり呼吸を続けます。
今度は、自分の肩を触ります。手のひらを乗せた自然な重みだけでかまいません。左右交互にやります。
お腹に両手をあてて、あたためましょう。お腹の中の手のひらのぬくもりを感じるだけでかまいません。
ほかに、冷えているところ（太もも、二の腕、足首など）があれば、あたためましょう。
指で自分の耳全体をもんでみましょう。耳全体を、やさしくもみます。
指で頭全体をもみます。頭皮を少し動かすようにします。
最後に、足の裏をもみましょう。足の指も、一本ずつ、ていねいにもんでいきます。

からだづくり
健康なからだをつくることも、大切なセルフケアです。規則正しい生活、バランスのよい食事、運動をこころがけることは、こころの回復力も高めます。少しハードな運動や体操や筋トレをするのも、効果があるといわれています。

【4-10】

5　着地法（グラウンディング）【4-11】

　ステップ4の最後の学習内容は、「着地法」と名づけたからだの対処法です。

　着地法とは、いわゆるグラウンディングのことで、フラッシュバックが起こりそうなときに、意識が飛ばないように、いわば意識を「地に足をつけた状態」にするための方法です。ステップ1でも、「つらいできごとが頭から離れなくなったら」【1-10】の対処法として簡単に紹介しています。

　フラッシュバックが起こると、「今、ここ」にあるべき意識がどこかに飛んでいったような状態になり、過去のトラウマ記憶が頭を占めてしまいます。動悸や発汗といった生理的反応も伴うため、パニックのような状態になります。これを防ぐために、「今、ここ」に意識を集中し、頭のなかを空っぽにするのです。この方法を身につけることで、フラッシュバックが起きても対処することができ、症状をコントロールできるという自信が高まります。

　フラッシュバックによって、子どもが部屋の外に飛び出してしまったり、道路で立ちすくんでしまったり、とっさに手をふりはらってしまって自分や相手がケガをしてしまったりして、現実的な危険性が生じることもあります。フラッシュバックをコントロールすることで、より安全な生活を送ることができます。

▶▶ 学習の進めかた ◀◀

「今、ここ」にとどまるために、今、見えるものを機械的に読み上げていきます。

実際にフラッシュバックが起こりそうになったときには、頭のなかで読み上げるだけでよいですが、練習のときは、子どもに声を出して読み上げてもらいましょう。練習を続けて、いざというときにすぐに使えるようにしましょう。

着地法をマスターしよう【4-12】

ワークシートの教示例を読み上げます。子どもが言ったことを否定せずに、どんどん話すように指示します。頭を空っぽにして、判断をせずに言葉に出していくのがポイントです。

「今、見えている色をできるだけたくさん挙げてみよう。……そう、青、白、黒……いいよ、すごく上手にできているよ。ほかにはどう？ 天井も見て……灰色、黒いシミ、そうそう、とてもいいよ！」と、促していきます。子どもの取り組みをじゅうぶんにほめましょう。

着地法の実施前後で、気持ちの温度計の数字が変わっているか、確認しましょう。少しでも下がっていたら、それを評価します。大きな変化がなくても、ワークにチャレンジしたことを賞賛しましょう。

ホームワーク

1. セルフケアを練習してみよう（ワークより）【4-13】

できるだけ毎日、わずかな時間でよいので、子どもが自分のからだをケアする習慣がつくようにしましょう。ほかにもよい方法を思いついたら、加えていきます。ステップ1で学んだリラクセーション法を取り入れるのでもかまいません。

子どもがやりかたを身につけるには、子どもが「先生役」になって身近な大人に教えるのが効果的です。ぜひ、子どもを支援する大人（親、里親、施設職員、教員等）の協力を得て、「生徒役」になってもらいましょう。「生徒役」になった大人には、いかに「先生役」である子どもの教えかたがうまかったか、役に立つ方法を教えてくれたかというポジティブなフィードバックをしてもらいましょう。

2. 着地法をマスターしよう【4-13】

着地法を身につけるために、3分間、「今見えるもの」を言い続ける練習をします。

子どもを支援する大人（親、里親、施設職員、教員等）に「3分間」測ってもらうな

着地法（グラウンディング）

フラッシュバックが起きそうなときに効果のある対処方法です。
フラッシュバックは、性被害の記憶を思い出すトリガーによって、一気にそのときの記憶がよみがえり、そのときのからだの反応（心臓がドキドキする、口のなかが乾く、動けなくなるなど）が起こります。
「意識が飛ぶ」ような感覚になり、「今、いる場所」がわからなくなってしまいます。
こころのなかは、すっかり被害にあったときの場面に飛んでしまうのです。

そのため、フラッシュバックが起きそうになったら、「意識が飛ぶ」のを防ぎ、「今、いる場所」にとどまっている必要があります。
両足をしっかり「今、いる場所」につけて、大地に根を張る樹木をイメージして、どっしりと「今、ここ」に着地するのです。

まず、自分がフラッシュバックを起こしそうになっていることに気づきましょう。
ステップ4で学んだ「危険信号（トリガー）」によって、からだが反応するのがわかりますね。

「こわい！」と思うかもしれませんが、「大丈夫！」と自分に言い聞かせて、「ゆったり呼吸法（ステップ1）」を続けます。ふぅーっと、ゆっくり、長く、息を吐きます。
「大丈夫……、ふぅ～……」と続けます。よくできていますよ！

ゆったり呼吸法を続けながら、周囲を見わたします。なにが見えますか？
自ら入ったものを、声を出さずに言っていきます。なにも判断せずに、見えるものを言葉にしていきます。

教室でフラッシュバックを起こしそうになった子どもは、こころのなかでこんなふうに言いました。

茶色のイス、銀色のパイプ、茶色の床、鉛筆、窓が……10枚、黄色いカーテンが……10枚、ベージュの壁、黒いシミ、床に消しゴムのカス……、黒板、深緑……チョークの白、ピンク、黄色、カレンダー……、先生……紺色の制服、黒い髪の毛……

ゆっくりと呼吸を続けながら、「今、いる場所」に集中するうちに、性被害の記憶は頭から消えていきました。

それから、その子は、自分の足元の感覚を確かめました。うわばきの下に、教室の硬い床の感覚を感じています。
イスの背もたれのひんやりした感じ、ゴツゴツした硬さが背中に伝わります。
呼吸をさらに続けると、ドキドキもおさまってきました。
そして、「今、いる場所」の感覚をすっかり取り戻し、再び授業に戻ることができました。

着地法を練習しておくことで、いざというときに、落ちついて「着地法をやろう、自分は着地ができるんだ」と思うことができます。

【4-11】

着地法をマスターしよう

「飛びそう」になった意識を「今、ここ」に着地させて、どっしり根を張るイメージをもつための着地法には、いくつかの方法があります。
練習してみて、気に入ったものをどんどん使っていきましょう。

まずは、やる前の気持ちの温度計をチェックしておきましょう。
不安や緊張、恐怖などの温度を測って、メモしておきましょう。〔＿＿＿度〕
くれぐれも悩んだり、深く考えすぎたりせずに、ゲーム感覚でどんどん答えていきましょう。

● 今、見えている色をできるだけたくさんあげてみましょう
● 今、見えているものの名前をできるだけ言ってみましょう。いくつあるかな
● 見えた文字をそのまま読み上げる、ポスターを逆から読んだり、カレンダーを縦に読んだり……

● 床を踏んでいる足の裏の感覚、イスに触れている腿の感覚、テーブルの手触りに注意を向けて
● 両手でこぶしをギュッと、握ってみましょう。両手の感覚に集中して
● 手のひらを合わせて、力いっぱい押し合ってみましょう。両腕に力を入れて
● イスを思い切りつかんで、手の感覚を感じて……

● 知っているマンガのキャラクターを思いつくだけ言ってみましょう
● 好きなものをつぎつぎと言っていきましょう。好きな動物、好きなテレビ番組、好きな食べもの、好きな歌……

最後は、ゆっくり息を吐き出して、少しからだを動かしましょう。
フラッシュバックを起こさず、「今、ここ」にとどまれていましたか？ とてもよくできました！

「今の気持ちの温度計をチェックしてみましょう。〔＿＿＿度〕
お疲れさまでした！

【4-12】

ど、子どもと一緒に取り組めるよう、協力を依頼しましょう。

このほか、ワーク4に書かれている課題（「今、見えている色」「今のからだの感覚」「好きなものの名前」など）についても、3分間練習してみるのもよいでしょう。

ステップ4のまとめ

　ステップ4では、性被害によるからだと行動の変化についての心理教育をおこない、新たな対処スキルとして、「着地法」を練習しました。主に心理面の対処法であるリラクセーションに加えて、身体面の対処法である「着地法」を身につけたことで、子どものセルフマネジメントの幅が広がったと思われます。

　子どもはストレスを身体化しやすく、行動上の変化を起こしやすいため、子ども自身がからだと行動について理解し、コントロールできるようになることが重要です。

　性被害を受けた子どもにみられやすい性的な行動化は、再被害のリスクを高めるだけでなく、他者への加害行動に発展するおそれもあります。周囲からも叱責や誤解を受けやすく、子どもはさらに自己否定感を強めたり、自暴自棄になってしまいます。**子どもに性的逸脱のラベルを貼るのではなく、心理教育をおこない、子どもが自分自身の行動をコントロールできるためのスキルを教えていくことが大切です。**

ティーンズ向け：性に関する正しい知識

　性被害を受けた子どもに伝えたい内容の性教育です。いずれもティーンズ向けですが、子どもの年齢や関心に併せて活用してください。

　以下、「変化するからだについて知ろう」「セクシュアリティについて知ろう」「セックスってなんだろう」のそれぞれの内容について説明します。

1）変化するからだについて知ろう【4-14】

　思春期は、からだが大きく変化する時期です。本来、成長して大人になる喜ばしい変化といえますが、性被害を受けたことで、変化する自分のからだを否定的に捉えてしまうことが少なくありません。

　ここでは、思春期を迎える子どもにとって戸惑いの大きい二次性徴について説明し、よくある疑問や不安について「ティーンズのからだの悩み相談室」で解説しています。

▶▶ 学習の進めかた ◀◀

　読み聞かせながら、子どもの知識量や関心を把握します。「ティーンズのからだの悩み相談室」【4-14〜16】は、性感染症と妊娠に関する内容が中心となっています。性被害によって性感染症や妊娠の可能性が生じることもあるため、被害の時期や内容によっては、詳しく話し合い、すみやかに医療機関につなげる必要があります。

　また、性的な行動化により、性感染症や妊娠のリスクがあるセックスをしている子どももいます。必要に応じて社会資源と連携しながら、子どもの安全と健康を優先させ、最善の方法を検討していくことになります。

　性被害のあとに、性的なことにばかり関心が向いたり、マスターベーションをやめられなくなる子どももいます。マスターベーションそのものは健康を害するものではありませんが、そのためにやるべきことがやれなくなったり、対人関係に支障をきたすようであれば、注意が必要です。マスターベーションによってどんな気持ちをまぎらわせているのかなど、本人の話をよく聴いていきましょう。

2）セクシュアリティについて知ろう【4-17】

　セクシュアリティとは、恋愛や性行動に関することだけを指すのではなく、その人の性に関わる考えや好み、ふるまい方、人生の選択といった幅広い内容を含むものです。

　性被害は、セクシュアリティにも影響を及ぼします。自分のからだを「汚れてしまった」「ほかの子とはちがう」と思うようになったり、自分のことを「性（セックス）しか価値がない」「どうなってもいい」など、否定的に感じたりするようになるのです。

ステップ4 ○×クイズ！

ステップ4の学習をふりかえりましょう。正しければ○、まちがっていたら×を書き込みましょう。

Q1. こころがケガをしても、からだは今までどおりである

Q2. 体調が変化すると、生活も変わってしまうことがある

Q3. 危険信号（トリガー）によってフラッシュバックが起こることがある

Q4. こころにケガをすると、ケガの元になったできごとを思い出させる状況を避けるようになる

Q5. 着地法を使うと、フラッシュバックから回復しやすくなる

ステップ4 ホームワーク

1. 家（施設）でセルフケアを練習してみましょう。
「ぽかぽかタイム（蒸しタオル、ホットミルク）」「セルフマッサージ」「からだづくり」をやってみて、どんな気持ちがどのくらい変わったか温度計でチェックしてみましょう。
また、これらのセルフケアのやり方を、あなたを支援してくれる大人（親／里親、施設の職員、学校の先生など）に教えてあげましょう。感想も聞いてみてください。

やった日時	やってみたセルフケア	気持ちの変化（温度計）	感想
例）5月5日 20時	セルフマッサージ	緊張：50度→10度	お風呂上りにやったら気持ちよかった！
① 月 日 時		：　度→　度	
② 月 日 時		：　度→　度	
③ 月 日 時		：　度→　度	

2. 着地法をマスターしよう
着地法のやりかたをマスターするために、「今、見えるもの」を3分間言い続ける練習をしましょう。
あなたを支援してくれる大人（親／里親、施設の職員、学校の先生など）に「3分間」測ってもらい、チャレンジしましょう。
フラッシュバックが起きそうになったら、さっそく練習の成果を試してみましょう。

【4-13】

変化するからだについて知ろう　☆ティーンズ向け

思春期を迎えると、からだにさまざまな変化が起こります。
思春期とは、だいたい小学校高学年から中学生くらいに始まる、成長の著しい時期のことです。

□ わき、性器に発毛する

□ 口のまわり、腕やすねなどの体毛が濃くなる

□ （女子は）胸がふくらみ、丸みをおびた体つきになる

□ （女子は）内性器である卵巣が発達し、排卵が起こり、生理が来る（初経）

□ （男子は）肩幅が広くなり、喉仏が大きくなって、声が低くなる（声変わり）

□ （男子は）内性器である精巣が発達し、射精するようになる（精通）、睡眠中の射精（夢精）もある

こうしたからだの性的な変化を二次性徴といいます。
一般的には、女子と男子のからだのちがいが目立つようになりますが、男女ともホルモンが分泌されるため、男子も胸のあたりに脂肪がついてふっくらしてくるんだようになったり、女子も体が太くなったりします。
同じ性別の友だちと比べても、からだの部位はそれぞれ異なるように（背の高さや耳の形など、みんなちがっていますね）、からだの成長も個人差が大きいものです。
ですから、自分のからだの変化やプライベートパーツの大きさや形などを、他人と比較して気にする必要はありません。

ティーンズのからだの悩み相談室

思春期の子どものよくある悩みについて、答えてみます。
わからないことがあったら、担当の先生と一緒にさらに調べてみましょう。

生理痛がひどいんです。お腹と腰が重苦しい感じがして、起きあがれないほどです。

生理痛とは、生理中にお腹や腰のあたりが痛くなったり、頭痛や吐き気などがすることです。
生理痛になると、イライラしたり落ち込んだりして感情が不安定になったり、ひどい倦怠感におそわれたり、食欲がおさえられなくなったりする症状が起こることもあり、月経前症候群（PMS）と呼ばれるものもあります。
一般的に、生理痛に悩む女子は少なくありませんが、性被害を受けたあと、一層ひどくなったと感じる子どもめずらしくありません。こころのケガによって、生理痛がひどくなることもありますし、からだになんらかの原因がある場合もあります。婦人科（レディースクリニック）に相談してみましょう。また、リラクセーション法（ステップ1、3）も役立つはずです。

【4-14】

【4-15】

【4-16】

セクシュアリティについて知ろう ☆ティーンズ向け

セクシュアリティとは

セクシュアリティとは、性やからだ、自分自身について、どんなふうに考えているかということです。
セックスや性行動に関することだけではありません。
自分の性別についてどう思っているか、自分を女子/男子としてどんなだと思うか、それが気に入っているか、どんな服装や髪型をしたいか、周囲からどんな人とみられたいか、どんな人に恋愛感情をもつか、どんな恋愛をしたいか、どんな仕事をしたいか、どんな人生を歩みたいか……といった、自分自身に対するあらゆることを含みます。

だから、セクシュアリティは、性器ではなく、脳(あなたの考え、好み、人生の選択)にあるのです。
性暴力は、このセクシュアリティにも影響を及ぼします。
性被害を受けたことで、こんなふうに考えるようになる子どももいます。あなたはどうですか?

□ 自分のからだはもう汚れてしまった
□ 自分のからだが好きになれない
□ 自分のからだには、なんの魅力もない
□ 性はこわいもの、怖いものだ
□ 自分は性被害者なのかもしれない

性被害のあと、自分のからだを好きになれなくなった人は少なくありません。
こんなふうに考えてしまうからです。

□ 自分が女(男)だったからねらわれた、この性別じゃなかったらよかった
□ 自分のからだの特徴のせいで被害にあった、わたしのからだがいけないんだ
□ なんの抵抗もできなかった、自分は無力なんだ
□ いやだったのに気持ちよさも感じてしまった、自分のからだが信じられない

個人差もありますが、性被害を受けたのは、あなたのせいではありません。
どんな状況でも、性器を触られれば、気持ちよく感じたり、からだが反応することがあります。
それは、目にゴミが入ったら、悲しくなくても涙が出るのと同じことです。

【4-17】

さまざまなセクシュアリティ

からだの性別とこころの性別が、一致するとは限りません。自分の性別に違和感をおぼえる子どももいます。

思春期になると、恋愛や性への興味が高まることが多いですが、それにも個人差があります。
「好きな人がいない」「恋愛感情がわからない」ということがあっても、ちっともおかしくありません。

また、恋愛の対象もさまざまです。同性を好きになる、異性を好きになる人、いろいろです。
こうした性別や性的関心の向けかた、性についての考えかたも、セクシュアリティに含まれます。

 学校では、休み時間になると好きな人の話で盛り上がるけれど、わたしにはいまいちピンときません。

 恋愛感情のもちかたは、人それぞれです。
なかには、性被害を受けたことで、恋愛に興味がもてなくなったり、そもそも人と関わることや親しい気持ちを味わうこと自体が苦手になる場合もあります。

 僕は、物心ついたときから、なんとなく気になるのは女子よりも男子でした。僕はゲイかもしれない。

 同性を好きになる人もいます。男子はゲイ、女子はレズビアンといいます。
どちらにも恋愛感情をもつバイセクシュアルの人もいます。
周囲にわかってもらえないというつらさや孤立感をいだくこともあるかもしれません。
でも、どんな人を好きになっても、まったくおかしなことではありません。

同性から性被害を受けた人は、「同性から触られたら、同性愛になるのだろうか」「自分は同性愛者だと相手に思われたのかな」と悩むことがあります。また、「自分が同性愛者だからねらわれたのかも」と自分を責める人もいます。
どちらも、そんなことはありません。

性被害にあったことで、セクシュアリティが決まるわけではありません。また、どんなセクシュアリティでも、性被害にあう理由にはなりません。

【4-18】

ここでは、セクシュアリティの多様性についても説明しています【4-18】。恋愛に関心がない人や同性に対して性的魅力を感じる人など、性的指向はさまざまです。同性から性被害を受けた子どもは、「同性から触られたら、自分は同性愛者になるのだろうか」と思ったり、「自分が同性愛者(ゲイ、レズビアン)だから、ねらわれたのかもしれない」と考えたりすることもあります。性被害によってセクシュアリティが決まるわけではありませんし、どんなセクシュアリティでも性被害にあう理由にはなりません。

▶▶ 学習の進めかた ◀◀

読み聞かせながら、子どもが性被害によってセクシュアリティにどんな影響を受けたのか、話し合います。「そんなふうに思う子どもはあなただけではないよ」と子どもの不安を一般化しながら、「あなたのからだは汚れたわけではないよ」と伝えてください。

セクシュアルマイノリティの子どもの事例を読むことで、子どもが自分の性的指向(異性愛、同性愛、両性愛、アセクシュアルなど)や、性的アイデンティティ(性同一性に対する違和感など)を打ち明けてくることがあるかもしれません。

セクシュアルマイノリティであることでの悩みや、家庭や学校では話しにくい性の問題など、子どもの困りごとを聴きながら、どのようなサポートが得られるかを一緒に考えましょう。

【4-19】

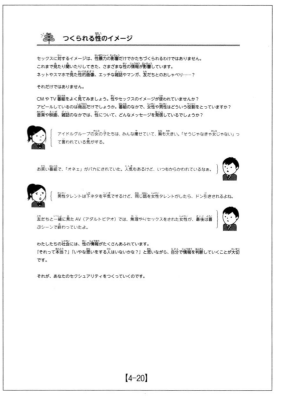

【4-20】

3）セックスってなんだろう【4-19】

　性暴力は、子どもの性やセックスに対する考えかたに大きな影響を及ぼします。

　暴力的で一方的な性を体験させられたことにより、セックスを「相手に差し出すべきもの」「断れないもの」「欠かせないもの」「別の目的（お金、注目、支配など）のために利用できるもの」「価値のないもの」などと思うようになることがあります。

　ここでは、そうしたセックスのイメージや役割、価値について見直してみましょう。「正しいセックス」を教えることが目的ではありません。子どもが性について安心して話せるようになり、セックスについて多面的に考えられるようになることが大切です。

　支援者もリラックスした雰囲気を心がけ、性に関する内容を落ち着いて話すことが、子どもにとってのよいモデルになります。

▶▶ 学習の進めかた ◀◀

　読み聞かせをしながら、子どもと一緒にセックスに対するイメージや役割、価値について話し合いましょう。子どもの意見が正しいかどうかを判断したり、「正しいセックス」を教えたりするわけではありません。

　セックスについて話すうちに、気分が悪くなったり、あるいは興奮（不安や恥の気持ちからハイテンションになったり）してきたならば、リラクセーション法をやりましょう。安心して話せることが大切です。

───**わたしにとってのセックスのイメージ**【4-19】───────────

　セックスの２つのイメージを対比したリストを使って、子どもがセックスに対して
どんなイメージをもっているのかを話し合いましょう。

　このリストには、セックスのポジティブなイメージや同意のある性行動と、反対に
ネガティブなイメージや強制的で暴力的な性行動の特徴が挙げられています。

４）つくられる性のイメージ【4-20】

　こうしたイメージは、性暴力の影響だけで形成されるわけではありません。社会やメ
ディアのさまざまな情報から、性の価値観やセクシュアリティ、ジェンダーがつくられて
います。

　性情報を鵜呑みにするのではなく、それに含まれる暗黙のメッセージを批判的に読み取
るメディアリテラシーの力が求められます。

自分の考えかたに気づこう

　性暴力被害にあった子どもたちは、どうしてこんなことになったのかという混乱から、「自分が悪かったんだ」という自責感にさいなまれたり、「恥ずかしい」「ほかの人に知られたくない」という恥辱感に悩まされたりします。

　自分自身を否定的に捉えるようになるだけでなく、ほかの人への信頼感も失われ、「だれにもわかってもらえない」「だれも信用できない」といった捉えかたをしたり、まわりの人たちや社会が、自分のことを「疎外する」「排除する」「非難する」と思ったりすることもあります。

――自分が悪いから、こんなことになったんだ。

――人に知られたら、変なやつだと思われる。恥ずかしくて生きていけない。

――どうでもいい。たいしたことじゃない。

――セックスなんて、だれでもやっているし。

　こうした否定的な考えかたによって、問題から目をそむけたり、たいしたことではなかったと考えたり、事実を隠し通そうとしたりすることは、性暴力被害を受けたあとの混乱や苦痛を一時的にしのぐためには役立つかもしれません。ですが、長期的にみると、自己肯定感がどんどん下がり、周囲から孤立し、結果的に自他や社会への信頼を回復することがむずかしくなってしまいます。

　このステップでは、考えかたが気持ちや行動にどのように影響するのかを学びます。「考え－気持ち－行動の結びつき」を理解することを通して、子どもたちが性暴力被害を受けたことで強まった「非機能的な認知（自分の幸福な生活に役立たない考え）」を捉えなおしていきます。

　支援者は、子どものネガティブな考えを否定することなく、子どもがそうした非機能的な認知をもつようになったきっかけや、それによって子どもが自分のこころを守ろうとしていること（防衛機制）を理解する姿勢が求められます。子どもの思考（頭のなかの声）を子どもと共に明らかにし、それが日常の感情や行動に影響し、その結果として対人関係や社会活動がどうなっているのか、一緒に考えていきましょう。

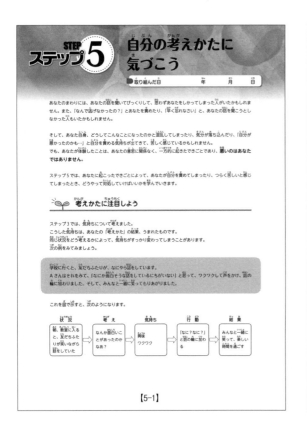

① 考えかたに注目する [5-1, 2]

　同じ状況であっても、考えかたのちがいによって、まったく異なる気持ちや行動が生じます。考えかたには、大きく分けるとポジティブ（肯定的・現実的・前向き）なものと、ネガティブ（否定的・非現実的・後ろ向き）なものがあります。ポジティブな考えかたをすることで、ポジティブな気持ちや行動がうまれ、自分にとってよい結果がもたらされます。このように「考えかた」に注目する必要性について、AさんとBさんの例を通して、子どもに示します。

　このパートは、ステップ5で学習する内容を概観するものです。子どもとって身近な学校生活の場面を例に挙げています。同じ状況であっても、人によって捉えかたは大きく異なるかもしれません。一般に、多くの人は「状況が悪いから、いやな気持ちになった」「状況さえよければ、悪い結果など起こらない」と思いがちです。ですが、これはまちがいです。実際には、**どんな状況であれ、それをどう捉えたかという「考え」によって、気持ちや結果は変わります**。子どもにとっても、新鮮な学びとして感じられるかもしれません。

　ステップ5は、子どもにとって目に見えない思考（頭のなかの声）を扱うため、理解がむずかしい子どももいます。子どもにとって身近で具体的な例を示しながら、子どもが「なるほど、たしかに考えかたによって気持ちや行動はちがってくるな」と感じられるよ

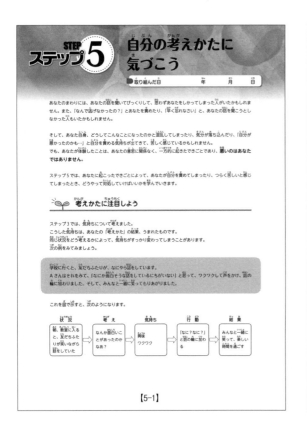

うに工夫しましょう。ワークシートのAさんとBさんのそれぞれの気持ちに共感しながら、取り組んでほしいところです。

とくに思春期は、自分がほかの人からどうみられているかについて、過度に敏感になる時期です。朝、友だちがあいさつを返してくれなかっただけで、「わたしはきらわれているのかも」「きっと、わたしが怒らせてしまったにちがいない」などと不安になることもあるでしょう。とくに、自分に自信がない子どもであれば、相手の心境や周囲の状況を否定的に捉えてしまいがちです。

ステップ5では、こうした日常生活で浮かびやすい子どもの思考や感情を手がかりにしながら、ワークを進めていくとよいでしょう。

❷ 思考、感情、行動、状況を区別する [5-3]

「思考−感情−行動のつながり」を学ぶ前に、まず、それぞれのちがいを理解する必要があります。たいていの子どもは「思考（考え）」と「感情（気持ち）」をうまく分けることができません。また、「行動」と「状況」も混在しやすいものです。

思考（考え）というのは、頭のなかに浮かぶセリフのようなものです。声には出さないものの、自分自身に対して意識的あるいは無意識的に言い聞かせている（話しかけている）ものをいいます。思考は、感情よりも自分で意識しにくいものです。ですが、思考はこころやからだ、行動に大きな影響を及ぼします。知らず知らずのうちに陥っている非機能的な認知（考え）を探し出し、それが現実的で自分にとって役に立つ考えなのかを検討する必要があります。

一方、感情（気持ち）とは、からだやこころで感じるものです。感じたものをうまく言葉で表現することで、自分の感情をほかの人と共有しやすくなります。自分の感じていることが子ども自身でわからないと、感情に圧倒されてしまったり、感情をうまくコントロールできなくなります。気持ちについての学習は、ステップ4でおこないました。

行動は自分がしている行為のことで、自分で変えることができるものです。反対に、状況とは自分以外の人やもの、環境のありようをさします。つまり、状況は、自分では直接変えることができないものです。子どもが、自分で変えられる可能性があるもの（行動）と、変える余地のないもの（状況）を区別できるようになることで、無力感を低減させ、主体性を高めることができるでしょう。

▶▶ 学習の進めかた ◀◀

ステップ5では、「考え」にスポットをあてます。子どもたちは、「考え」と「気持ち」、「行動」と「状況」を混同しがちです。まず、ワーク1「考え、気持ち、行動、状況を仕分けしよう」を通して、それらが区別できているか確認しましょう。

それぞれのちがいは、次のように説明するとわかりやすいでしょう。

考　え：頭に浮かんでくることで、自分自身に話しかけるセリフ
気持ち：からだとこころで感じるもの（必要に応じて、ステップ3の課題を復習したり、感情リストや感情カードを使った話し合いをしましょう）
行　動：自分がからだですること、自分が変えることのできるもの
状　況：自分では直接コントロールできないような、周囲で起きていること

考え、気持ち、行動、状況を仕分けしよう【5-3】

　考え、気持ち、行動、状況のちがいを学び、子どもの理解を確認するための課題です。4色の色鉛筆もしくはカラーペンを用意してください。

　ワークシートに挙げられているもの以外にも、子どもの生活をふりかえったなかで表現されたことを尋ねるのもよいでしょう。「さっき『うれしい』って言っていたね。これは、からだやこころで感じることだから『気持ち』だね」とか、「そのとおり、天気が『晴れ』とか『くもり』というのは、自分ではコントロールできないから状況ですね」というように、それぞれの定義を繰り返すことで、知識が定着し、区別しやすくなります。

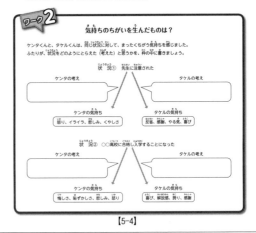

3 考え－気持ち－行動のつながり [5-4]

　ステップ3では、気持ちについて学習しましたが、気持ちが生じる前には、なんらかの考えが存在しています。ところが、ふだんの生活のなかで、考えをはっきりと意識することは少ないでしょう。また、意識の表面にのぼっていてすぐに気づける考えもあれば、本人が意識しておらずなかなかたどりつきにくい考えもあります。

▶▶ 学習の進めかた ◀◀

　考えを明らかにしていくために、気持ちを手がかりにしていく方法があります。
　子どもが気持ちを捉えることができたなら、「なぜそんな気持ちになったのかな？」と繰り返し問うことによって、「だって、……だと思ったから」というように、気持ちを生んだもとになっている考えに、子ども自身で気づけるようになります。

やりとりの例：気持ちから考えを探る

● 「どうして、そんなに『こわかった』の？」
　　──だって、きっと、友だちに笑われると思ったから……

● 「どうして、そんなに『イライラした』の？」
　　──だって、お母さんはわたしのことなんてどうでもいいと思っているはず……

● 「どうして、そんなに『うれしかった』の？」
　　──だって、先生がわたしのことを信用してくれているって思ったから……

　ときには、「知らない」「わからない」「ムカついたんだから、しかたないだろう！」というように、子どもが気持ちの背後にある考えに立ち戻れなかったり、立ち戻るのを拒んだりする場合があります。そうした場合は、少し極端な考えを2つ挙げて、より近いほうを子どもに選ばせることもできます。

やりとりの例：極端な考えを挙げる

● 「どうして、そんなに『緊張した』の？」
　　──そんなの、知らない。緊張しただけ。
　　「『ぜったいうまくやってやる』って思ったから？ それとも『失敗するかも』って思ったから？」
　　──うまくできるなんて思うはずがない！ 失敗して笑われたくなかった……
　　「そうかあ、『うまくなんてできるはずない』し、『失敗したら笑われるにちがいない』と思って、すごく緊張したのね」

こうした考えを明確化していく練習は、毎回のセッションの冒頭におこなう生活のふりかえりのなかでやるとよいでしょう。セッションのあいだに起きた実際のできごとを話してもらい、そのときに「どんな気持ちになったの？」と尋ねます。できるだけ強い気持ちを感じた体験のほうがやりやすいでしょう。どうしてそんな気持ちになったのかを話してもらいながら、その気持ちを生み出した背後にある考えを明らかにしていきます。

やりとりの例：日常の出来事から
気持ちと考えを明らかにする

● ——テストの結果が悪かったからお母さんにいろいろ言われて、すごくいやだった。

「どうしてそんなにいやだったの？」

——だって、勉強したのに、お母さんはいつも結果だけ見て、勉強しないからだって決めつける。やってないって言うけど、わたしなりに頑張ったのに。

「『お母さんは、やったことを認めてくれない』って思って『いやな気持ち』になったのね」

気持ちのちがいを生んだものは？【5-4】

　このワークは、同じ状況に対して、まったく正反対の気持ちをいだいたケンタとタケルを取り上げて、それぞれが、なぜそんな気持ちになったのかを考えてもらうものです。ケンタは、状況を否定的に考えたために、否定的な気持ちを感じました。一方、タケルは状況を肯定的に考えているために、肯定的な気持ちを感じました。

　極端な例を通して、同じ状況であっても感じかたはさまざまであり、その差を生んでいるのが状況の捉えかた（認知、考えかた）であると子どもが気づけるようサポートしましょう。

4　**ポジティブな考えかたとネガティブな考えかた**【5-5】

　考えというものが理解でき、ある程度、自分の考えを捉えられるようになったら、次に、考えを２種類に分類します。ポジティブな考えかたとネガティブな考えかたです。ワーク２で取り上げたケンタはネガティブな思考、タケルはポジティブな思考の例です。

　ポジティブな考えかたというのは、**状況を前向きに捉える**ものです。そして、**その結果、肯定的な気持ちがうまれる**ものです。ポジティブな考えかたをすると、自分がコントロールできるものと、できないものを区別することができます。**現実的に捉える**ので、自

分の責任が及ばないことまでも自分を責めたりすることはありません。つまり、ポジティブな考えとは、自分自身のことをよく思えて、自分を大切にできる考えかたです。

　ネガティブな考えかたというのは、**ものごとを否定的に、悪いように捉えるもの**です。**状況を確認せずに思い込んでしまったり、この先どうなるかを見通せていないような考え**です。そして、自分ではコントロールできないことまで自分の責任であるかのように考えてしまいます。つまり、ネガティブな考えとは、自分自身のことをよく思えない、自分を大切にできない考えかたです。

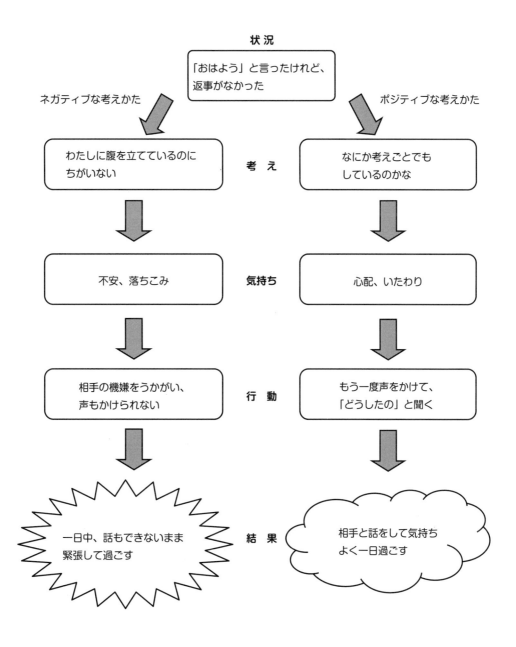

 ポジティブな考えかた とネガティブな考えかた

あなたがある状況におかれたとき、それに対してポジティブに考えるか、ネガティブに考えるかによって、そのあとに起こる気持ちや行動は変わり、結果もずいぶん異なってくることがわかりましたね。
状況をポジティブに考えるか、ネガティブに考えるかで、気持ちはずいぶんちがうものになります。

ポジティブな考えとは、前向きで現実的に、そして積極的にものごとをとらえていることです。
また、今、自分のしていることを意識し、その行動をしたらどうなるかというように、先のこと（行動の結果）を考えられているということです。
そして、自分が変えられることと変えられないことのちがいがわかっているので、自分の責任ではないことで自分を責めたりせず、自分のことをよく思えて、大切にできています。

一方、ネガティブな考えとは、状況を確認しないまま悪い方に思い込んだり、自分の都合のよいように考えたり、もしくは悪いようにとらえていることです。
また、今、自分のしていることや、先のこと（行動の結果）を考えられていないことでもあります。
そして、自分が変えられないことを責任だと考えて、自分のことをよく思えず、大切にできません。

ポジティブな考えかたをしていると、ポジティブな気持ちが生まれ、自分も人も傷つけないポジティブな行動をし、よい結果につながります。一方、ネガティブな考えかたをすれば、ネガティブな気持ちが生まれ、自分や人を傷つけるような行動をしてしまい、よくない結果につながっていきます。

ワーク3
ポジティブな考えかたとネガティブな考えかた（1）

次のうち、ポジティブな考えかたができているのは、どちらでしょう？

① 廊下を歩いているとき、友だちがぶつかってきたのに謝らなかった
□ 友だちはなにか考えごとでもしていて、ぶつかったことに気づかなかったのかもしれない
□ 友だちはわたしのことがきらいだから、わざとぶつかってきたんだ

② 授業中、先生にあてられたけれど、うまく答えられなかった
□ 答えられなかったところは、きちんと復習して、次は答えられるようにしよう
□ どうせわたしは勉強ができないから、答えられなくてもしょうがない

③ 苦手な教科のテストが近づいている
□ なるようになるさ、勉強してもしなくても一緒だ
□ 思うような点数はとれないかもしれないけど、やれるだけのことはやろう

【5-5】

「考え─気持ち─行動」のつながりと「結果」の例

ケンタとタケルの例で、「考え─気持ち─行動」のつながりとその結果のちがいを考えてみましょう。
以下に示した「考えかた」はひとつの例です。同じ「気持ち」であっても、その前に別の考えがうかんでいることもあるでしょう。あなたなりの考えを、先生と話し合ってみましょう。

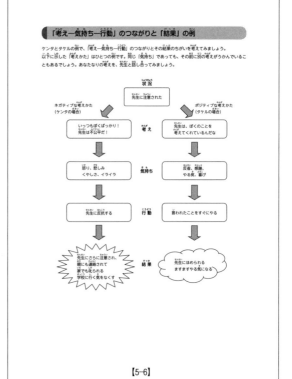

【5-6】

こうした考えのちがいをふまえて、どう考えるかが、どう行動するかにつながり、それが結果（どのような状況に陥るか）を決めていくことになるという「考え－気持ち－行動－結果のつながり」【5-6】について子どもたちの理解を深めていきます。

▶▶ 学習の進めかた ◀◀

ワーク3 ── ポジティブな考えかたとネガティブな考えかた（1）【5-5】 ──

まず、ポジティブとネガティブの概念のちがいが理解できているかどうかを確認します。子どもが判断に迷っていたら、「そう考えると、どんな気持ちがする？」と尋ねてください。否定的な気持ちがわいてくるようであれば、それはネガティブな考えかたになるでしょう。肯定的もしくは中立的な気持ちになるようであれば、それはポジティブな考えかたといえるでしょう。

続いて、ワーク2で登場したケンタとタケルが、自分の感情のまま行動するとしたら、どのような行動をして、どんな結果を招くかを、子どもと一緒にたどってください。その際のチャート図は、ワークシート【5-6】に記載されています。

このモデルは、状況から結果に向かって流れを整理するだけではなく、結果からさかのぼって、できごとをふりかえるときにも活用できます。

例えば、子どもの日常で、よくない結果（先生や親に怒られたなど）につながったことがあれば、そんな結果を生んだのは、どういう行動をしたからなのかをふりかえります。そして、そんな行動をしたのは、どんな気持ちによるもので、さらにそんな気持ちになったのは、どんなふうに考えたからか。それに先立って、どんな状況があったのか……と順を追ってさかのぼることができます。こうしたやりかたは、子どもの極端な反応を引き起こすトリガーを特定することにつながる場合もあります。

【例】

「なにがあったの？」　　　　　　　　　**結　果**：先生に怒られた、弁償させられた

　　　　　　　　　　　　　　　　　　　　　↓

「どんなことをしたの？」　　　　　　　**行　動**：窓ガラスをたたき割った

　　　　　　　　　　　　　　　　　　　　　↓

「どんな気持ちだったの？」　　　　　　**気持ち**：すごくこわかった

　　　　　　　　　　　　　　　　　　　　　↓

「なんて考えたんだろう？」　　　　　　**考　え**：相手に自分がやられると思った

　　　　　　　　　　　　　　　　　　　　　↓

「どんな場面だったの？」　　　　　　　**状　況**：相手が笑いながら自分のほうに近
　　　　　　　　　　　　　　　　　　　　　　　　づいてきた

　また、子どもたちの日常で起こりやすいことを例を挙げ、チャート図のなかで、「状況→考え→気持ち→行動→結果」がつながっているということを、繰り返し確認します。その際には、結果のちがいに注目して、ネガティブな考えが自分にとってよくない結果に、ポジティブな考えが自分にとってよい結果につながっているということを、しっかりと確認させましょう。

　子どもが混乱しているときは、それぞれの考えかたが、どんな気持ち、行動、結果につながる可能性があるかを一緒に考えてみましょう。ポジティブ、ネガティブという言葉になじみにくいときは、「肯定的－否定的」「前向き－後ろ向き」「積極的－消極的」など、子どもがイメージしやすい言葉に替える工夫をしてください。このとき、「よい－悪い」というような価値を前面に出した対比をすると、ネガティブな考えかたをせざるをえなかった子どもが「そんな考えかたをしている自分はダメだ」と、さらに自己否定に陥る場合もあります。評価を交えない中立的な表現で、両者のちがいを提示します。

　子どもの考えかたが極端にネガティブだったり、極端な思考の歪みがあったりすると、「考え－気持ち－行動－結果」のつながりをスムーズに把握できないことがあります。そ

んなときは、例題に示されている思考以外の考えが影響を及ぼしていないかを確認しましょう。例えば、下記のように、つながりに違和感があるときは、隠れた考えが潜んでいないかを確認しましょう。

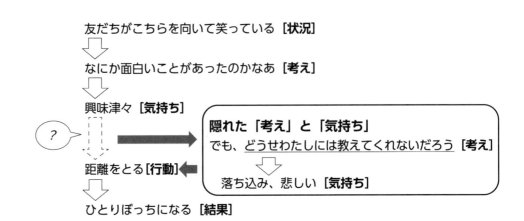

結果を判断する基準

結果がよいものか悪いものかを考えるときには、道徳的に正しいかどうか、ほかの人がどう感じるかを判断基準にするのではなく、まずは、子ども自身にとってよい結果（ほめられる、得をする、楽しめるなど）か、悪い結果（怒られる、損をする、つまらないなど）かで考えさせましょう。はじめに、「こう考えるべき」と社会的に望ましい結果を促してしまうと、子どもが正直に自分の行動をふりかえることができなくなってしまうからです。また、子どものネガティブな思考を明らかにしにくくなります。

自分のニーズが満たされるかどうかを考える視点は、課題に取り組む子どもの動機を高めます。そのあとで、「ほかの人にとってはどうだろう」と視点を広げていきます。

ワーク4 ──**ポジティブな考えかたとネガティブな考えかた（2）**【5-7~9】──

状況①～③のチャート図【5-7~9】を埋めていくことを通して、ポジティブな考えかたが自分自身にとってよい結果を生み、ネガティブな考えかたは結果的に自分にとってマイナスな事態を招くということに、子ども自身が実感をもって気づけるようにサポートしましょう（状況②【5-8】と③【5-9】の図はここでは割愛）。

この学習の最終目標は、子ども自身が自分の考えかたに気づけるようになることです。そのため、支援者がネガティブな考えかたを書き込んでもよいでしょう。ある状況に対してネガティブな考えかたをすると、どんな気持ちになり、どんな行動をとって、どんな結果を生む可能性があるか、できるだけ極端な例をつくってみましょう。そして、同じ状況でも**別の考えかた**（ポジティブな考えかた）ができないか、子どもに問いかけましょう。子どもの思考を変えることが目的ではありません。状況をどのように認知するかによって、感情や行動、またそれにともなう結果が異なるということを理解できるように支援してください。

この課題をするとき、子どものなかには、気持ちを記入できないことがあります。ステップ3で取り組んだ気持ちの学習をふりかえったり、感情のカードを示したりしながら、参考にしてもよいでしょう。あるいは、ステップ5のワーク1に戻って、考えと気持ちの区別がつけられるようにサポートします。考えは、「自分への言い聞かせ」や「頭のなかのつぶやき」と説明するのもわかりやすいでしょう。

5　性暴力による思考への影響【5-10】

性暴力は、被害者の考えかたに大きな影響をもたらします。被害により、考えかたがネガティブになってしまい、必然的に気持ちや行動もネガティブになりがちです。やがて、それはからだの症状にも現れてきます。このリストは、考えだけでなく、性被害による影響全般を確認するのにも使えます。

性暴力をふるわれた子どもがとらわれやすいのは、「自分のせいでこんなことになった」という強い自責感を生む考えです。また、「だれにも助けてもらえない」「だれにも言えない」という孤立感につながる考えや、「だれにも知られたくない」「こんなことがあったと知られたら、きっとみんなに軽蔑されるにちがいない」という恥の気持ちを強める考えもあります。

このような考えがあるために、気分が落ち込んで引きこもったり、不安や怖れ、怒りから、イライラした行動をとったりしてしまうことも少なくありません。**性暴力の被害にあうと、だれでもネガティブな考えにとらわれてしまいやすいと一般化（ノーマライズ）することが重要です。**

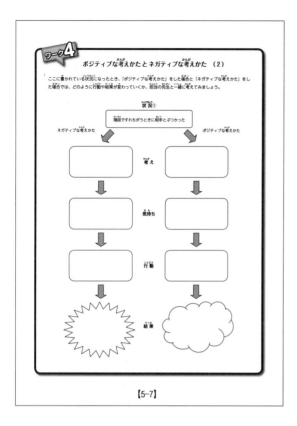

▶▶ 学習の進めかた ◀◀

　ネガティブな考えかたのリストが示されています。自分にあてはまるものをチェックしてもらいながら、それぞれについて、どうしてそう思うのか聞いていきます。

　また、これまでのステップをふりかえりながら、性暴力が起きたときにルールを破ったのはだれだったかを再確認したり（ステップ2参照）、『マイ ステップ』に取り組むまでに子どもがしてきたこと（勇気を出して被害を打ち明けたこと、安全な生活を確保できるよう助けを求めたことなど）を評価したり、被害にあってから自分をサポートしてくれた人のリストを書き出したりしながら、子どもの考えを一緒に検討していきます。

　この際、子どもの考えについて「おかしいよ」などと非難してはいけません。子どもたちは、**性暴力による影響をなんとか緩和するために自分の思考を歪めるよりなかったのです**。ですから、「こういう考えかたは、だれでもしてしまいやすいんだよ」と一般化することが大切です。

　また、「以前はこんなふうに考えていたなあと思うものにチェックをつけてみよう」など、過去の考えかたを確認するのも役立ちます。子どもが過去のネガティブな考えかたに気づいたときには、「なるほど、そうだったんだね。自分の考えをよく捉えられているね」とほめることも忘れずに。この課題で大切なのは、考えをポジティブに変えさせることではなく、自分の考えを捉えられるようになることです。

つらい気持ちに対処するための考え[5-11]

　性暴力被害による影響があまりに大きく、そのダメージに耐えるのが大変であるために、子どもたちは、性別・年齢にかかわらず自分なりの対処をおこないます。

　そのなかには、考えかたを歪めるという方法があります。考えかたを歪めることによって、気持ち（からだやこころが感じること）へのインパクトをやわらげ、なんとか自分を保とうとする作戦なのです。こうした作戦は、当面の生活を送るうえでは有効かもしれませんが、最終的には自分の役に立ちません。

　ここでは、子どもの非機能的認知を修正するのが目標ではありません。子どもたちがどのような対処法を用いているのかに気づけるようになるのが目的です。

　次に、感情に対処するための認知的対処の例を挙げます（メイザー，2015）。

---

① **～さえすれば大丈夫**：一種の超楽観主義、魔術的思考ともいえます。本当は深刻な影響を受けているのに、状況さえ変われば自分が受けている影響（ダメージ）もすべてが消え去ると考えることです。

② **たいしたことない**：いわゆる最小化と呼ばれる思考です。自分が感じている激しい怒りや混乱を鎮めるために、自分の身に起きたことを、そんなにひどくないと考えようとするのです。

③ **ちょっとだけだし**：これも一種の最小化です。自分をいつわって、実際に感じている痛みや怖れの気持ちを小さくしようとする考えかたです。

④ **否認**：最小化よりもさらに進んで、できごと自体を認めないという考えかたです。あれは性暴力ではない、問題ない、なんでもないと自分に言い聞かせて、本当に平気であるかのようにふるまいます。

⑤ **忘れる**：否認よりもさらに進んで、記憶自体を完全におしつぶすというものです。できごと自体を覚えていないという状態になります。

　こうして思考を歪めることによって、なんとか日々の生活を送ることはできるかもしれませんが、こころの奥に押さえつけられ、ないもののようにされた気持ち（からだやこころが感じていること）が本当になくなってしまうわけではありません。性暴力があったという事実に向き合わないでいると、ステップ4で示したようなさまざまな症状や問題行動となって噴出する可能性があります。

　そして、本人もまわりの人も、そうした症状や問題行動と性暴力被害との因果関係に気づかないまま、どんどん自己評価を低め、まわりの人との関係を悪化させてしまう悪循環に陥ってしまいます。

🌱 **つらい気持ちに対処するための考え**

性暴力被害による影響はあまりに大きく、それに耐えるのはあまりにも大変なので、知らず知らずのうちに、子どもたちはさまざまな作戦をつかっています。

そうした作戦のなかには、**考えかたを歪める**という方法があります。

考えかたを歪めることで、からだやこころへの強い衝撃をやわらげて、なんとか自分を保とうとする作戦です。

たとえば、次のような作戦をつかったことがありませんか？

☐ **「～さえすれば大丈夫」作戦**
　本当は深刻なダメージを受けているのに、ある「状況」が変わりさえすれば、自分が受けているダメージもすべてが消え去ると考える作戦
　例）いやだったけど、もう言うことさえなければ大丈夫

☐ **「たいしたことない」作戦**
　本当は、すごく怒っていたり、すごくショックだったのに、自分の身に起きたことを、「そんなにひどくはない」と考えようとする作戦
　例）だれだってセックスくらいしているし、たいしたことない

☐ **「ちょっとだけだし」作戦**
　自分をだまして、感じている痛みやおそれの気持ちを小さくする作戦
　例）ちょっと触られただけだし、もう大丈夫

☐ **「否認」作戦**
　おこったこと自体を認めないという作戦
　例）あれは、性暴力じゃない、相手は「好きだ」って言ってたし、これは愛のあかし

☐ **「忘れる」作戦**
　記憶自体を完全になくす作戦
　例）え？　なんのこと？

ほかにも、いろいろな作戦を使ったかもしれませんね。

こうした作戦は、性暴力被害の影響に打ちのめされずに、なんとか毎日の生活を続けるために役に立ってきたかもしれませんが、ずっと続けていると、自分の気持ちがわからなくなったり、自分のことをよく思えなくなったりすることがあります。

【5-11】

🌱 **ポジティブなセルフトーク**

思いもよらないできごとにまきこまれたことで、毎日気分が晴れなかったり、臆病になってしまったり、自分に自信がもてなくなってしまうことは、けっしてふしぎではありません。

むずかしい状況を切り抜けるとき、あるいは不安を感じたり、自分に自信がもてなくなったときには、**前向きな言葉で自分をはげます「ポジティブなセルフトーク」**が役立ちます。

ポジティブなセルフトークをすることで、ポジティブな考えかたができるようになり、自分がかかえている不安や心配をコントロールしたり、リラックスして自信をもったりすることができるようになります。

うまくできるかどうか不安な気持ちになってしまうときは、前向きな言葉や、以前にほかの人から言われたほめ言葉を思い出して、自分に言い聞かせてみましょう。

たとえば、こんなセルフトークがありますよ。

☐ 大丈夫！　わたしはきっとできる

☐ わたしは、以前もそれをやりとげることができた！

☐ わたしには、助けてくれる友だちがいる

☐ わたしは人から頼まれたことは、一生懸命取り組むことができる

こんなふうに、前向きな言葉を繰り返し自分に言い聞かせ、むずかしい状況に立ち向かっている自分をほめてあげましょう！

ワーク5

わたしのセルフトーク

あなたが前向きになれる言葉や、勇気が出るような言葉を書き出してみましょう。

【5-12】

---

⑦　ポジティブなセルフトーク【5-12】

　いやなことや悲しいことがあると、だれでも考えがネガティブなものになりがちです。そして、その結果、さらにネガティブな気持ちになってしまいがちです。

　性暴力被害のあと、「どうせわたしはダメなんだ」とか「わたしが悪かったんだ」と自分を否定したり、自分を責めたりするような考えが強まってしまうことがあります。その結果、気分が落ち込んでイライラして、友だちや親、先生とうまく関係がとれなくなったり、やるべきことに身が入らなくなったりすることがあります。

　こうした状況を改善するためのひとつの方法として、ポジティブなセルフトークがあります。性暴力被害の影響で、極端な思考をするようになると、自分の魅力や強み（ストレングス）が見えにくくなります。そこで、**自分のよいところやできていることを積極的に見つけて、自分に声をかけるのが、ポジティブなセルフトークです。**

　ポジティブなセルフトークは、セルフケアの方法のひとつでもあります。ポジティブなセルフトークをすることでリラックスできると、自分がかかえている不安や心配がいくぶんか軽減します。不安や心配でいっぱいになっていると、こころもからだも緊張し、ネガティブな思考に陥りやすくなってしまいます。

　ポジティブなセルフトークには、過去にやれていたことを思い出して自分を励ますよう

な言葉や、状況をリフレーミングして肯定的に捉えなおしたような言葉、自分のもつ支援ネットワークや能力といった資源（リソース）に注目するものなどがあります。

セルフトークの例

- だいじょうぶ！ わたしはきっとできる
- わたしは、以前もそれをやりとげることができた！
- わたしには、助けてくれる友だちがいる
- わたしは、やりはじめたことには一生懸命取り組むことができる
- 宿題だけは、毎日やっている
- ちゃんと今日もごはんを食べた
- 自分のペースで性暴力に向き合っている
- ルールをちゃんと守っている

　こんなふうに、前向きな言葉を繰り返し自分に言い聞かせ、むずかしい状況に立ち向かっている自分自身を評価し、少しでも安心感をもつことで、より合理的（ポジティブ）に考えることができるようになります。

　子どものポジティブなセルフトークを増やすためには、**支援者や身近な大人がその子どものがんばっている姿や小さな変化を認め、積極的に言葉で伝えていくことが大切です。**例えば、子どもが「ホームワークをやろうとしたけれど、できなかった」と言ったとしても、子どもがホームワークをやろうという気持ちがあったことを評価し、「やろうとしたのはすごいことだね」と認めていくような関わりが、子どもの前向きな取り組みを促します。そもそも、子どもが自分の性被害体験に向き合おうと『マイ ステップ』に取り組んでいること自体が、とても勇気のある行動なのですから。

▶▶ 学習の進めかた ◀◀

ワーク5

── わたしのセルフトーク【5-12】 ──

　　自分のよさや力に気づかせてくれるようなこれまでの体験、自分が元気になれるような言葉、これまでまわりの人が言ってくれたことなどを書き出します。子どもが自分では思いつかないときは、子どもを支援してくれる大人（親、里親、施設職員、教員等）に、その子どものよいところを言ってもらいましょう。

　　そして、子どもが自分自身に対して肯定的な声かけをするように励ましましょう。

ホームワーク

1．セルフトーク【5-13】

　子どもがたくさんのポジティブなセルフトークを使えるようになるために、身近な人から「自分のよいところ」を聞いてくる課題です。このように、子どものよいところ、がんばっているところを認める声かけを**「アファメーション」**といいます。

　アファメーションは、子どもの自己肯定感を高めるものです。また、他者からポジティブな声かけをしてもらうことがモデルになり、子ども自身も他者にポジティブな声かけができるようになることが期待できます。

　もちろん、『マイ ステップ』を実施している支援者も、積極的に子どもへのアファメーションをおこないましょう。

2．ポジティブな考えかたとネガティブな考えかた【5-14】

　実際のできごとを例にして、「状況→考え→気持ち→行動→結果」のチャート図を記入します。

　まず、よくない結果になったときの状況に対して、実際にとった行動を記入します。そして、ほかの欄も埋めていきます。もし、最初にネガティブな考えや行動を記入したな

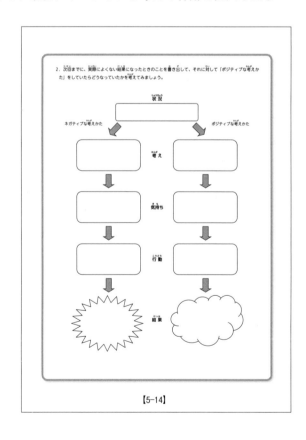

【5-13】　　　　　　【5-14】

ら、次に、「同じ状況で、よりポジティブに考えるとしたら？　よりよい行動や行動になるにはどう考えたらよいか？」を考えます。セッションのなかで何度も練習しておき、ホームワークのやりかたも具体的に教示してください。

　また、子どもの支援にあたる大人（親、里親、施設職員、教員等）にも、学習内容を説明しておき、子どものホームワークをサポートしてもらいましょう。子どもの行動の背景にあった考えを身近な大人に理解してもらうことは、子どもと身近な大人の双方にとって役に立ちます。

 ## ステップ5のまとめ

　ステップ5は、「考え」に焦点をあて、非機能的な認知に気づき、子どもが自分の考えを自覚できるようになることで、よい行動や結果につなげていくことをめざしました。子どもにとって、考えというのは目に見えないものであり、あまりにもあたりまえに浮かんでくるものであるため、自分で気づくのはむずかしいものです。多くの子どもは（あるいは大人もまた）、「状況がよくなかったから悪い結果になったのだ」と考えています。そうではなく、状況をどう捉えるかという考えが結果につながることを、身近な例を挙げながら繰り返し説明することが大切です。

　性暴力によって、自分や他者に対する考え、あるいは状況に対する考えは、ネガティブなものになりがちです。「自分なんてダメだ」「人なんて信用できない」「世の中は危険でいっぱい」という非機能的な認知に気づけるように、子どもをサポートしてください。

　ホームワークの課題が子どもだけで取り組みにくいときには、セッションのなかで支援者が一緒におこなってもかまいません。また、学習内容を子どもの生活を見守る養育者と共有し、前向きに行動しようとした子どもをしっかりほめてもらい、具体的なサポートをしてもらいましょう。カウンセラーをはじめ、子どもと関わる大人たちも無力感や不信感にとらわれず、子どもの取り組みや変化をポジティブに捉えるようこころがけましょう。

ステップ STEP 6　あなたができること

　ステップ6では、これからの安全のために具体的な安全スキルを身につけていきます。実施にあたっては、子どもが性暴力被害にあったときに、「はっきり拒否できなかった」「自分の身の安全を守ることができなかった」という自責感にとらわれないように注意してください。性暴力はだれの責任なのか、境界線を侵害したのはだれだったか、これまでのステップで学んだ心理教育の内容を復習しながら、これからの安全を強化するという目的を意識しながら進めてください。

　まず、子どもが被害について大人に打ち明けてくれたことをきちんと評価しましょう。子どもが打ち明けてくれたからこそ、安全が確保できたのです。子ども自身のみならず、ほかの子どもにとっても役立つことをしたとほめましょう。そして、日常生活でのコミュニケーションのパターン（攻撃的・言いなり・アサーション）を考え、アサーション（自己主張）のスキルや、困ったことがあったときの相談方法について学びます。

――どうせわかってもらえないと思って黙っていたけど、話さなければいつまでもわかってもらえないって気づいたの。

――とにかくイライラして、壁を殴らずにはいられなかったんだけど、それじゃあ、みんな引いちゃうよね……。友だちがいなくなるのは、いやだよ。

――自分の気持ちを率直に伝えたら、ちゃんと聞いてもらえた。話してよかった！

　また、子どもたちの身近にいる大人（家族、里親、施設職員、学校の教員等）が、話を聴くスキルを学び、子どもたちが対処法を実践していることに気づいてほめることができると、子どもはもちろん、大人もエンパワーされるでしょう。

　このステップは、ティーンズ向けの読みものも含まれています。人との親密な関係とは、どういうステップを経て築かれるものなのか、性暴力を受けたことによって混乱している境界線についても改めて取り上げ、自分の感覚や気持ちを伝えあえるような相手との関係性について考えます。また、自分のからだを好きになるためのエクササイズも紹介しています。

1 だれかがルールを破ったら？ ──大人に相談することについて [6-1]

　子どもたち自身が、性行動のルールを守ることが大切ですが、もし身近にルール違反の行為をしている人がいたら、どうしたらよいでしょう。身近な大人とルールを共有したうえで、ルール違反が起きたときに、それを伝えられるように促していく必要があります。だれかに性行動のルールに反することをされたり、あるいは、そうした行為を目撃したときは、親や学校の教員、施設や児童相談所の職員、警察官など信用できる大人に話すことで、さらなる被害から身を守ることができます。また、ほかの子どもも被害を受けずにすむかもしれません。

　とはいえ、だれかがルール違反をしたとき、「自分の勘違いかもしれない」「本当は違反ではないかもしれない」「言うほどのことではないだろう」と思ったり、それを大人に言うことによって「自分のほうが怒られてしまうかも」「面倒なことになるかもしれない」と考えたりしてしまうことはよくあります。大人に言うことによってかえって大変なことになるかもしれないと思えば、子どもは言わないことを選択するかもしれません。実際に、ルール違反をした人、つまり加害者から「絶対に言うな」「言うと大変なことになるぞ（お母さんが悲しむよ、きみが叱られるよ）」と脅されたり、「ふたりだけの秘密だよ」と強制的な約束をさせられたりすることも少なくありません。子どもにとって、大人に相談するのはとてもむずかしいことなのです。

　とくに子どもは、身近な大人の顔色を気にして、心配をかけたくないと気を遣うものです。たとえ自分がどんなに困っていても、また、その大人をどれだけ信頼していたとしても、だからこそ大人を困らせたり悲しませたりするかもしれないと不安になり、なかなか話せないのです。

── 「忙しいから今はダメ」と、話を聞いてもらえないかもしれない

── 「なんなの？　はっきり言いなさい」と、根ほり葉ほり聞かれるかもしれない

── 「どうしてすぐに言わなかったの！」と、怒られるかもしれない

── 「まさか、本当なの？」と、信じてもらえないかもしれない

　性被害にあったことを子どもが打ち明けられるかどうかは、**ふだんの大人とのコミュニケーションのありかた**が大きく影響します。ふだんから、子どもがなにか言うたびに否定されたり、叱られたり、信用されなかったりすることが繰り返されている場合や、話を聞いた大人ががっかりしたり、不安になったり、取り乱したりするばかりであれば、子どもは困ったことがあっても、大人には話せないでしょう。

　ですから、子どもが勇気をふりしぼって話してくれたときには、大人は「どうしてすぐに言わなかったの」と責めたり、「なんてひどいこと！　こんなことが起こるなんて……」

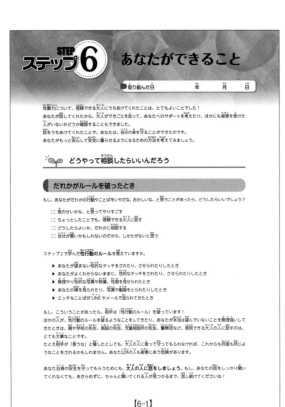

【6-1】

とうろたえ、取り乱したりするのではなく、できるだけ落ち着いて「話してくれて、本当によかった」と子どもに伝え、子どもの気持ちを受けとめる姿勢が求められます。

とはいえ、だれもが、いつでもそのような適切な対応ができるわけではありません。むしろ、身近な大人が動揺してしまうのは当然のことかもしれません。ですが、大人の反応を見た子どもが、それ以上、話すことをあきらめてしまい、さらに深刻な事態に発展してしまうことは避けなければなりません。

そのため、子どもには、せっかく話を打ち明けたとしても、すべての大人が落ち着いて話を聞けるとは限らないことを伝え、あきらめないでほかの大人に話し続けるように伝えてください。

▶▶ 学習の進めかた ◀◀

子どもが困っているときに、大人に相談する必要性について話し合うことがねらいです。ただ「正直に話してね」と伝え、子どもが「はい、わかりました」と答えるやりとりをするだけでは、肝心なときに大人に打ち明けられるようになりません。また、「正直に話す」というルールだけを教えると、子どもがなんらかの事情で大人に話せなかったときに、子どもが「言えずにいる自分は悪い子だ」と自責感をいだいたり、大人のほうも「正直に言いなさいって言っていたのに、なんで言わなかったの」「約束したでしょう？」「わたしには言えないってことね……信じてもらえていないのか」と、子どもに裏切られた思いがしたりすることもあります。

「大人は信用できない」「大人に話したって、しかたがない」と言う子どもも、その言葉の裏には、大人に対する少なからぬ期待をいだいているものです。期待しているからこそ、それに応えてもらえなかったことがつらく、悲しいと感じているのです。こうした子どもには、「大人を信じて、話そう」と促すのではなく、まずは、その子どもが大人を信用できないと思うようになったきっかけや、大人に話したのに役に立たなかった体験について話してもらい、そのときの子どもの気持ちに共感を示すことが大切です。

実際には、子どもの話を聞き流した人はこれまでにひとりだけだったり、話した甲斐がないと感じた体験も１回きりのことかもしれません。それにもかかわらず、「すべての大

人は信用できない」とか「大人に話をしても意味がない」などと決めつけている子どもには、これまで大人を信用できた体験はまったくないのか、話をしてよかったと思ったことは本当に一度もないのかと尋ねて、子ども自身の認知の例外を見つけてもらうのも役立つかもしれません。ステップ5で学んだ非機能的な思考を復習することで、子ども自身が自分の考えかたのくせに気づきやすくなります。

性被害はなぜ打ち明けにくいのか

性暴力は、被害者に痛みや不快感をもたらすだけではなく、からだや性器を触れられたことでの生理的な反応を生じさせることもあります。身体的な快感や心地よさを覚えると、自分の意に反した行為であったにもかかわらず、子どもはそれが望んでいた体験であったかのように錯覚し、あたかも自分が「共犯者」であるかのように感じたりすることがあります。そのため、身に起きたことをますます打ち明けにくくなってしまいます。

たとえ望んだ行為でなかったとしても、性器を触られた男の子に勃起や射精が起こるのは自然な反応であり、だからといって相手の行動に同意したわけではありません。また、女の子も性的な快感を得たり、「大切にしてもらえた感じ」をうれしく感じたりすることがあります。

このように、性被害はほかの暴力被害と異なる打ち明けにくさがあることを理解し、こうしたとまどいを感じている子どもの気持ちを受けとめることが大切です。

ワーク1 相談するにはどうしたらいい？ [6-2]

学校、家庭（家・里親宅・施設）、地域で、どのタイミングのどんな状況であれば、大人に話を聞いてもらえそうかを考えます。

子どもの生活の様子をよく聴きながら、できるだけ具体的に考えるとよいでしょう。例えば、学校での相談相手を「先生」とだけ答えた子どもには、「担任の先生？保健室の先生？」とイメージを具体的にしていきます。相談の内容によって、相談相手は異なるかもしれません。

地域内には、近所の人や友だちの親など、インフォーマルな立場で子どもに関わってくれる大人もいれば、警察官、病院の医師など、フォーマルな立場の支援者もいます。すぐに子どもが想像できないときには、「もし、財布を落としちゃったときは、だれに相談する？」「マンションの鍵を忘れたときは、どうする？」などと尋ね、生活のなかに頼れる大人がたくさんいることに気づけるようにサポートしましょう。

2　気持ちや考えを伝える【6-3】

　ここでは、コミュニケーションの3つのタイプ（攻撃・言いなり・アサーション）について考えます。挙げられている例は、子ども自身と重なるところもあるでしょうし、同じクラスや同じ施設にいる似たような子どもを想像させるかもしれません。

　ワタルは、本当の気持ちを伝えずに、**攻撃的**なコミュニケーションをとっています。不安が高まるとイライラして、それを攻撃的な言動で表してしまうのです。すると、周囲の子どもたちはそれに巻き込まれたくないため、ワタルのことを避けるようになります。孤立感をいだいたワタルはよけいにイライラして、さらに攻撃的な態度をとってしまいます。しかし、攻撃的なコミュニケーションをとっている子どもが、内心では不安や孤独感といった気持ちでいっぱいなことは、周囲の人になかなか気づいてもらえません。

　ミドリは、いやだと思ったときもいつもニコニコしたままで、自分の気持ちを表明しません。結果、自分の本当の気持ちは隠したまま、相手の**言いなり**になるコミュニケーションをとっています。本人はなにも言わずにニコニコしているので、周囲の子どもたちは、ミドリが本当はいやだと思っていることや、どんなに悲しい気持ちでいたり、どれほど腹

話すタイミング

大人に話すとき、どんなふうに話すといいでしょうか。
「すぐに話さなくちゃいけない！」というときは、落ち着いて話す必要があります。
あせってしまうかもしれませんが、落ち着いて、「話があるから、聞いてほしいんだ」と言いましょう。

「いつ話そうかなぁ……」と思っているときは、話すタイミングを選ぶことが大切です。
どんなときなら、話をゆっくり聞いてもらえるでしょうか。
こんなときがいいですよ！

□ 相手が家事や仕事で忙しい時間ではなく、少し余裕がありそうなとき
□ 相手があわてているときではなく、気持ちが落ち着いているとき
□ ほかのきょうだいや友だちがいる場所ではなく、あなたと大人しかいないとき

話すタイミングを選ぶのはむずかしいかもしれませんが、「話があるから、時間をつくってくれる？」と頼んでみましょう。
まわりにたくさん人がいるところでは、あなたの話をゆっくり聞いてもらえないうえ、だれかに話を聞かれてしまって、いやな思いをすることになるかもしれません。
大切な話は、ほかの人に聞かれない場所でするようにしましょう。
一度話してみて、よく聞いてもらえなかった場合も、あきらめずにチャレンジすることが大切です。

ワーク1

相談するにはどうしたらいい？

それぞれの場面で、どんなタイミング、どんな状況なら、どの大人に話を聞いてもらえそうですか？

① 学校で（いつ、どんな状況で、だれに？）

② 家（里親宅・施設）で（いつ、どんな状況で、だれに？）

③ 住んでいる地域で（いつ、どんな状況で、だれに？）

【6-2】

うまく気持ちを伝える方法　～アサーション～

自分の気持ちや考えは、どんなふうに伝えると、わかってもらいやすいのでしょうか？
気持ちをうまく伝えるのが苦手なワタルとミドリのお話を、読んでみましょう。
なにが問題だと思いますか？

ワタルは、自分が失敗をしたり、まちがえたりすると、キレてしまいます。
本当は、なさけない気持ちや、はずかしい気持ち、もっと上手にやりたいという気持ちがあるのですが、「ムカツク！」という気持ちでいっぱいになってしまうのです。
ワタルだって、好きで失敗をしたり、まちがえているわけではありません。
「自分だって、がんばっているんだから、ちょっとくらい認めてほしい」と思っているのですが、周囲から見ると、ワタルはいつも怒っているようにしか見えず、声をかけにくいのです。
いつもイライラしているワタルは、だんだんみんなから避けられるようになりました。
だれだって、ワタルのやつあたりにまきこまれたくなんてないからです。

ミドリは、小さい頃から、家族に大切にされたという思い出がありません。
それは、ミドリにとって、本当はとてもつらく、さみしいことです。
でも、「わたしの気持ちなんて、だれにもわかってもらえない」と思い、だれにもうちあけずにきました。
ミドリは、つらい気持ちのときも、困ったときも、ニコニコとにこにこすることしかできませんでした。
すると、周囲はこう思うのです。「ミドリさんは、いつも元気で、悩みなんかないんだろう？」
ミドリは、こころのなかで、「やっぱり、だれもわたしの気持ちをわかってくれないんだ」と思い、ますます、つらさとさみしさがつのっていきます。

あなたにも、ワタルのように、いろいろな気持ちがあるのに「怒り」だけであらわしてしまったり、ミドリのように、本当の気持ちをおしこめて、ちがう感情を見せて、周囲から誤解されてしまうことはありませんか。
怒っているとき、つらい気持ちや悲しい気持ちがあるときに、それを人に伝えるのは、簡単ではありません。
でも、そんなときこそ、あなたの気持ちや考えをきちんと伝えることが大切です。
もし、あなたが自分の気持ちをきちんと伝えずにいたら、どうなってしまうでしょうか。

▶ 相手は、あなたがつらい思いをしていることに、この先も気づかないかもしれない。
▶ 相手や周囲の人は、あなたが平気でいる、むしろ喜んでいると、誤解し続けるかもしれない。
▶ あなたは、「自分の気持ちや考えなんて、人に言う価値もない」「言ったってどうせなにも変わらない」と思いこんで、人に助けを求めず、ひとりでかかえこんで、ますます困った状態になるかもしれない。
▶ 気持ちや考えを言葉で伝えずに、攻撃的な態度や、言いなりになっていると、あなたの態度がいけないのだと誤解されるかもしれない。

あなたが気持ちを伝えないと、あなた自身を守れません。

【6-3】

を立てていたりするかなど、思いもよりません。その結果、ミドリはますます「だれもわたしの気持ちなんてわかるはずがない」という考えを強めてしまうのです。言いなりのコミュニケーションをとっている子どものなかには、こころのなかに周囲が驚くほどの怒りをためこんでいることもあります。

ワタルのような攻撃的な言動やミドリのような言いなりの態度を、だれに対してもとり続けている子どももいれば、自分よりパワーがあると思う人の前では言いなりになって、自分より弱いと思う人の前では攻撃的な態度をとるなど、相手によって態度を変える子どももいるでしょう。

ワタルやミドリのようなコミュニケーションパターンでは、自分の本当の気持ちが相手に伝わりません。そして自分が適切な伝えかたをしていないにもかかわらず、**「だれも自分の気持ちをわかってくれない」**という考えを強めてしまうのです。そして、「自分の気持ちや考えなんて、人に言うほどの価値がない」と、コミュニケーションをとること自体をあきらめてしまう場合もあります。

対人不信やあきらめの気持ちに陥る前に、**攻撃**や**言いなり**以外のコミュニケーションである**アサーション**を学び、本当の気持ちを伝える練習をしてみることを子どもに促しましょう。本当の気持ちを適切に伝えられれば、相手はその子どものニーズを理解することができます。その子どもがどんな思いで、なにを求めているのかがわかれば、子どもが必要としているサポートをしてくれる大人は決して少なくないはずです。

自分の気持ちを適切に伝えられるようになると、子どもは周囲からのサポートを得やすくなります。よりよいサポートを受けられることが性被害からの回復に役立つのは、いうまでもありません。

▶▶ 学習の進めかた ◀◀

「攻撃・言いなり・アサーション」【6-4】のなかの３つの例と解説を、子どもと一緒に読みましょう。

攻撃は、身体的な暴力を用いた表現に限らず、暴言(怒鳴る、罵る、悪口を言う)や表情(にらむ、ふてくされる)なども含みます。子どもなりに不満を伝えようとする言動ではあるものの、攻撃的な態度は周囲を傷つけ、結果的には子ども自身が非難されたり、疎外されたりしてしまいます。

言いなりは、相手の言うとおりにすることですが、自分の意見や気持ちを言えない行動を広く意味します。言いたいことをがまんしてしまったり、不本意なことをさせられたりします。そのため、表面的には言いなりになっていても、攻撃的な気持ちでいっぱいになっていることもあります。

攻撃と言いなりは、自分にとっても他人にとっても、よいコミュニケーションではありません。

一方、自分の意見を落ち着いて伝えるアサーションは、自他を尊重する態度であるため、自分自身も気持ちよく過ごすことができます。アサーティブに話したからといって、問題がすぐに解決するわけではありません。ですが、怒ったり、あきらめたりしてコミュニケーション自体を打ち切ることにはならないため、何度でも話し合うことができます。

　子どもには、この３つのコミュニケーションパターンとそれぞれの特徴（言いかた、相手の反応、その後の結果）がわかるように説明します。ポイントは、状況は同じで、いやな気持ちになったのも一緒なのに、**言いかたのちがいによって相手への伝わりかたや自分にとっての結果が大きく変わってくる**という点です。

　ここに挙げた例のほかにも、子どもの実際の生活のなかで生じているコミュニケーションのパターンを探して説明するとわかりやすいでしょう。

❸ アサーションのポイント【6-5】

　アサーションは、ひとりよがりな言い分を通すことではありません。アサーティブに伝えたとしても、必ずしも自分の意見を受け入れられるわけでもありません。コミュニケーションでは、相手の都合や考えもあるからです。アサーションは、自分の気持ちや考えのとおりに相手を動かすことではなく、**お互いの気持ちや意見を伝えあうことで、話し合い、納得のいく結論を出すためのやりとりの過程**なのです。

【6-4】

攻撃・言いなり・アサーション

では、どんなふうに伝えれば、あなたの気持ちや考えを相手にわかってもらえるでしょうか。
次の３つの伝えかたのうち、もっともよい方法はどれでしょう。

　① 腹の立つことがあったので、ふだんかわいがっているペットをいじめた
　② 本当は「いやだな」と思っていたけれど、相手の機嫌をそこねてはいけないので、ニコニコした
　③ 友だちにからかわれたとき、「わたしはそんな言いかたをされたらいやだから、言わないで」と言った

①は、怒りの気持ちをペットにぶつけています。ペットはなにも悪くないにもかかわらず。
このように、**自分の気持ちをやみくもにぶつけることは「攻撃」**です。
攻撃は、キレたり、ふてくされたり、むくれたりすることです。
自分の気持ちを攻撃であらわすと、あなたはだれかを傷つけてしまい、あなた自身も、あとで後悔して傷つくことになります。
それに、あなたが攻撃したことだけが取り上げられて、実際、あなたがなにに困っているのか、どんなことで不安になっているのかには注目してもらえません。
攻撃は、よい伝えかたではありません。

②は、いやな気持ちを無理やりこころのなかに抑えています。
自分の気持ちよりも相手の気持ちばかり気にして、自分の気持ちや考えを大切にできません。
また、本当の気持ちとは逆の表情（ニコニコ）をしているので、相手はあなたがいやがっていないと思ったり、むしろ喜んでいると誤解したりしてしまうかもしれません。
このように、**自分の気持ちを言えないことは「言いなり」**です。
言いなりになると、自分の気持ちが人に伝わらないばかりか、周囲から誤解されてしまいます。
言いなりは、よい伝えかたではありません。

③は、友だちに言われたことに対して、「わたしはそんな言いかたをされたらいや」と自分の気持ちを言い、「言わないで」と、自分の要求を伝えています。
要求をしたからといって、必ずしも相手がその通りにしてくれるわけではありません。
でも、あなたの気持ちは、正確に、しっかり相手に伝わります。

このように、**自分の気持ちや考えを、落ち着いて相手に伝えることをアサーション**といいます。
アサーションとは、自分と相手のことを考えた自己主張のしかたです。

アサーションは、攻撃したり、がまんして言いなりになったりしないので、相手と気持ちよくつきあえます。
アサーションは、よい伝えかたです。自分と相手を大切にする言いかただからです。

【6-5】

🌱 **アサーションのポイント**

アサーションをすることは、ひとりよがりな言い分を通すことではありません。
相手のことも大切にしながら、自分の気持ちや考えを伝えることがアサーションです。

落ち着いてアサーションをするには、こんなふうにするとうまくいきます。

まず、話をするまえに、ひと呼吸しましょう。あわててはいけません。
自分の怒りや不安の気持ちをしずめてから、相手に向き合います。

顔をまっすぐ相手に向け、視線をそらさず、しっかりと目を合わせましょう。
うつむいていたり、目がキョロキョロしていたりすると、あなたの言いたいことが伝わりにくくなります。
相手をにらんだり、あいまいな笑顔を浮かべたりすることは、相手の誤解を招きやすくなるのでやめましょう。

そして、しっかりと立つか、相手の話にしっかり座りましょう。
からだをゆらゆらさせたり、手足をぶらぶらさせていると、ふざけているように見えてしまいます。

なにが起きて、あなたがどう感じたのかを、落ち着いて話しましょう。
「わたしは……と思っています」「ぼくは……と考えています」と、自分の気持ちや意見を話します。
大声をはりあげたり、小声でボソボソ話すのではなく、相手に聞こえる声で伝えます。

もし、すぐにアサーションができなくても、あきらめる必要はありません。
時間がたってから、自分が「話したい」と思ったときに、チャレンジすればよいのです。
うまく話せなくてもかまいません。話そうとすること、伝えてみることが、大切です。

アサーションによって、自分の本当の気持ちを表明するということは、自分を守り、自分が必要としているサポートを得るうえでも大切なことです。攻撃的あるいは言いなりのコミュニケーションパターンは、周囲にきらわれたり、誤解されたりしてしまい、結果的には自分自身が「わかってもらえない」と傷つくことになります。わかってもらえなければ、必要なサポートも受けられません。

　アサーションのポイントは、次のとおりです。

アサーションのポイント

一息ついて、落ち着いて

顔をまっすぐ相手に向けて、視線を合わせ

からだをフラフラさせずに

相手に聞こえやすい声で

「わたし（ぼく）は〜」で始まる言葉で

率直に話したり、提案をする

　「わたし（ぼく）」を主語にして話すように意識することが大切です。そして、おだやかに自分の考えや気持ちを言うのです。

　次の言いかたは、どうでしょうか。

——おまえは、いつもそういうことばっかり言う！

——ほかの人だって、みんな言ってるよ、そんなのいやだって。

　相手やほかの人を主語にして話すと、**相手を非難しているように聞こえ、無責任な言いかた**になってしまいます。

——ぼくは、そんなふうに言われるといい気持ちがしないんだ。

——わたしは気がすすまないから、今回はやめとくわ。

　このように、自分を主語にして言えば、**たとえ相手と意見が異なっても問題ありません**。相手の誘いを断るときには、「悪いんだけど……ごめんね」と謝ったり、「また今度、誘ってね」と伝えれば、さらに相手とのコミュニケーションが深まるかもしれません。

　『マイ ステップ』に取り組んでいるときも、子どもが「ちょっと苦しい気分になってきたから、少し休憩したい」とか「今週は体調が悪くて、ホームワークができませんでした」などと自分の意見や状態をアサーティブに伝えることができたときには、「はっきり教えてくれてありがとう。そうか、ちょっと苦しくなってきたんだね。じゃあ、少し休憩

しよう」「そうだったんだね。その後、体調はどう？」などと子どもの発言を尊重して、子どもに必要なケアを提供してください。「言ってもムダ」とか「正直に言ったら怒られる」と思い込んでいた子どもにとっては、自分の発言をきちんと受け入れてもらえた実感をもつことがなにより大切だからです。

　セッションのなかで子どもが攻撃的、あるいは言いなりになっているときも、「今の気持ちは？」「本当は〜と思っていたんだね」と対応していきます。コミュニケーションスキルは、課題をこなして身につくものではありません。カウンセリング場面や生活のなかでのやりとりそのものが、もっとも効果的な学習の機会になるのです。

ワーク2 ──うまく気持ちを伝える言いかた [6-6] ────────

　3つのコミュニケーションパターンのうち、自分の気持ちをきちんと伝えられているのはどれか、子どもが理解できているか確認する問題です。自分の気持ちや言いたいことが相手にうまく伝わっているかどうかという点から考えます。

ワーク3 ──攻撃・言いなり・アサーション [6-7] ────────

　それぞれの例が**攻撃**か、**言いなり**か、または**アサーション**かを考えます。どうしてそう思ったのか、判断した理由についても話し合いましょう。

　攻撃と言いなりの言いかたは、はっきり分けられるものではなく、例えば、「だれかに不満があるときは、本人には言わず、別の人に悪口を言う」といったように、自分の考えをはっきり伝えずに言いなりになりながら、悪口という言葉の暴力を用いることもあるでしょう。身体的な攻撃をしなくても、悪口や嫌味を言ったり、ふてくされたりすることは「攻撃」にあてはまります。コミュニケーションの3つの種類を厳密に分けることが目的ではなく、アサーションとそれ以外のちがいがわかっているかをよく確認してください。

　そして、これらの例を一緒に見ながら、子ども自身がふだんどういうコミュニケーションパターンをとることが多いか、また相手によってコミュニケーションパターンが変わることがあるかなどを話し合うとよいでしょう。

言いかたロールプレイ【6-7】

　それぞれの状況について、攻撃、言いなり、アサーションのコミュニケーションパターンのセリフや態度を考えて、シナリオをつくります。そして、子どもとロールプレイをしてみてください。3つのパターンのちがいがはっきりわかるように、できるだけ極端に演じると、コミュニケーションパターンの特徴を理解しやすくなります。

　ここはユーモアを交えながら、面白く演じてみてください。ふだんは言いなりのパターンの子どもが、別のパターンを演じてみることで、自分がいかにがまんしたコミュニケーションをとりがちであったかに気づけることがあります。楽しみながら自己理解を深め、アサーションを練習しましょう。

うまく気持ちを伝える言いかた

次のうち、うまく気持ちを伝えられているのは、どれでしょう?

1. 友だちが新しくでたマンガを持っていました。読みたいので、貸してほしいときは……
　□ 友だちが前の机に置いていたマンガを、勝手に取っていく
　□ 友だちに「読みたい?」と聞かれるまで、黙ってずっと待つ
　□「そのマンガ、読みたかったんだ。よかったら今度貸してくれる?」と友だちに頼む

2. いやなできごとのあと、なんとなく気持ちがイライラして、落ち着かないときは……
　□ 黙って机につっぷす
　□ 先生に口答えをする
　□「あのできごとのあと、気持ちがイライラして困っているんです」と先生に相談する

3. 友だちに髪形をからかわれて傷ついたときは……
　□ いきなり机を蹴り飛ばす
　□ ニコニコ笑ってやりすごす
　□「自分でも思うような髪形にならなくて落ちこんでいるから、触れないで」と伝える

攻撃・言いなり・アサーション

次の伝えかたは、「攻撃」「言いなり」「アサーション」のどれでしょう? ○で囲みましょう。

① 自分の思い通りにならないと、大声をあげたり、暴れたりする　　　【攻撃・言いなり・アサーション】

② いやなことがあったら、「わたしはそれはいやです」と落ち着いて伝える　　　【攻撃・言いなり・アサーション】

③ 自分の意見が言えずに、あとから後悔する　　　【攻撃・言いなり・アサーション】

④ 自分の考えや気持ちを、相手を傷つけない言いかたで伝える　　　【攻撃・言いなり・アサーション】

⑤ だれかに不満があるときは、本人には言わず、別の人に陰口を言う　　　【攻撃・言いなり・アサーション】

⑥ いやなことがあっても、自分さえガマンすればいいと思って、したがう　　　【攻撃・言いなり・アサーション】

⑦ 自分のまちがいを指摘されると、強い口調で言い訳をする　　　【攻撃・言いなり・アサーション】

【6-6】

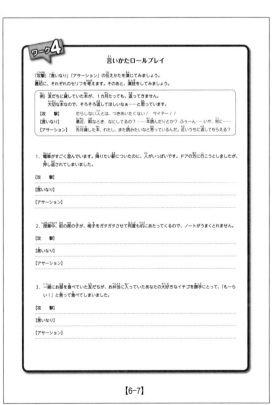

【6-7】

よりよいコミュニケーションのモデルを示そう

　いくら子どもにアサーションのよさを伝えても、支援者である大人が言いたいことをおだやかにはっきりと、アサーティブに伝えられないようでは、意味がありません。

　カウンセラー自身も、積極的に自分の気持ちを言葉で伝え、「(子どもが) すごくがんばっているなぁって思ったよ」「それを聞いて、わたしもとってもうれしいよ」など表現することに躊躇しないこと。そして、子どもの身近な大人(親、施設の職員、教員等) にも、3つのコミュニケーションパターンについて学んでもらい、アサーションのモデルとなるよう日常生活で意識してもらうことが大切です。

 ## ホームワーク

1. 大人に話しかける練習【6-8】

　次のセッションまでに、大人に話しかけて話を聞いてもらう練習をします。

　話を聞く役割になる大人(親、里親、施設職員、教員等) にも、あらかじめ子どもにこうした課題を出していることを伝え、協力を仰ぎます。

　このホームワークは、子どもから大人に「話がある」と伝えて、実際にしっかりと話を聴いてもらえたという体験をするのが目的です。話の内容は、どのようなことでもかまいません。

　次のセッションでは、「話しかけてみてどうだったか」の報告を聞きましょう。もし、子どもが大人に話しかけられなくても、話しかけようと思ったのであれば、話すことを意識して過ごせただけでもよかったと伝え、子どもの健闘を讃えましょう。

2. うまく気持ちを伝える練習【6-9】

　アサーションで伝える練習をします。子どもがアサーションの練習中であることをまわりの大人と共有し、日常の子どものコミュニケーションの様子をよく見てもらい、ほめてもらいましょう。

　子どもがうまく伝えられたときにしっかりほめるのはもちろんですが、もっと練習が必要だと感じられた場面でも、まずは子どもがコミュニケーションをとろうとしたことを認めて、ほめてもらいます。子どもが自分でコミュニケーションをよりよくしたいと考えられたなら、それだけでもすばらしい進歩です。コミュニケーションパターンを変えるのは、大人であってもむずかしいことなのですから。

　子どもが攻撃的になっている、あるいは言いなりになっていると感じたときには、まわりの大人に「本当はどう思っているの?」と子どもに問いかけてもらいましょう。そし

て、子どもが少しでも本当の気持ちを表現できたなら、しっかりほめてもらうよう伝えておきましょう。そのとき、なかなか自分の気持ちを言葉にできない子どもには、「最高にうれしいっていう感じかな? それとも絶望的って感じかな?」など、まったく異なる極端な感情を例に挙げて尋ねると、「うれしいわけないよ、いやな気持ちだよ。まぁ、絶望ってほどでもないけど残念な感じかなぁ」などと答えやすくなります。もちろん、すかさず「そうか、残念な気持ちだったんだね。自分の気持ちによく気づけたね」とほめるのを忘れずに。自分の気持ちを聴いてもらえる、わかってもらえるという実感が、子どもがよりよいコミュニケーションをとろうという動機を高めるでしょう。

ティーンズ向け:親密な関係性と性的境界線【6-10】

　　ここでは、10代の少年少女を対象としたトピックスが書かれています。子どもの年齢や必要性に応じて、取り上げてください。

　　本当の同意とはどういうことなのか、多くの子どもたちはきちんと教えられたり、しっかり考えたりする機会をもっていません。また、メディアや雑誌から得た情報や子ども同士の噂話をもとに、人との親密な関係やセクシュアリティに関するイメージをつくりあげていることも少なくありません。こうした状況のなかで、性暴力によって肯定的な自己イ

メージが損なわれ、自分を大切にするとはどういうことかが混乱している子どもが、自分の性的境界線を主張しながら、相手と親密性を築いていくのは容易ではないでしょう。

　以下の１）から３）は、性的虐待からのサバイバーであるシンシア・メイザーさんが、10代の少年少女に向けて書いた本『あなたに伝えたいこと——性的虐待・性被害からの回復のために』（誠信書房，2015）の第12章「セックス——セックスってなんだろう？」にもとづいています。子どもと一緒に読んで、感じたことを話し合ってみてください。また、セクシュアリティについてさらに詳しく知りたい場合は、上記の本を読まれることをおすすめします。支援者もまた、自分自身のセクシュアリティに対する考えかたを整理しておくことが求められます。

１）人と親密な関係になるってどういうこと？【6-10】

　性暴力による直接的な影響や社会にあふれる性情報からの間接的な影響により、子どもは親密さについて混乱していたり、極端な理解をしていることがあります。その典型的なものが、**親密さはセックスによって表されるものだという考え**です。だれかと親密になるにはセックスをしなくてはならないとか、親密な関係には当然セックスが伴うものだという理解は、性被害を受けた子どもに限らず、多くのティーンズがいだいている誤解かもしれません。

　ここでは、親密さには**いくつかのステップ**があると説明しています。

　だれかと親密になるということは、まずは信念や価値観を共有し、一緒に（性的ではない）活動を楽しみ、気持ちを分かち合うという過程をふみます。そのうえで、最終的に、身体的な境界線を開くかどうかを決めることになります。身体的な親密性に踏み出すことで、ふたりの関係性は変化をみせるでしょう。そうした結果を受け入れられるかどうかも考えなければなりません。人間関係を深めるために、性的な親密さやセックスをすることは必ずしも必要ではないのです。

　ステップ２で学んだ**「本当の同意」**では、まさに、こうした親密さのステップを表しています。セックスをすることでの結果（関係性の変化）も考え、納得したうえで性行動をするかどうかを選ぶ必要があります。

２）性的な境界線ってなに？【6-10】

　ステップ２で学んだ境界線（バウンダリー）に加えて、性的な境界線について学びます。

　性的な境界線は、自分自身が決めて、示していくものです。一度だけ「イエス」か「ノー」の判断をすればよいというものではなく、「どこまではよい」のか「今はどうか」を絶えず考えて、示していく必要があります。実際には、自分が「ノー」と意思表示をしたり、相手が突然「ノー」と言うのを受け入れたりするのがむずかしいこともあるでしょう。お互いに気持ちを伝えて、話し合っていくことが大切です。

　性被害を受けた子どものなかには、「でも、途中で『やめて』なんて言いにくい」「セッ

人と親密な関係になるってどういうこと？ ☆ティーンズ向け

健康的に、深く関わりあった人との間に生まれる「親密さ」について考えてみましょう。
「親密」＝セックス？　いいえ、だれかと親密になることは、必ずしもその人と性的に関わるということを意味しません！　だから親密になるために、必ずしも性的な行為をする必要はありません。
「親密さの4つのステップ」を学び、自分を大切にするとはどういうことか、考えてみましょう。

ステップ1　知的な親密性
自分の感覚や価値観を相手と共有すること。お互いの考えかたや、大切だと思っていること、どんなことに価値を置いているかなどを伝えあうことは、親密性を高めるための最初のステップになります。

ステップ2　創造的な親密性
相手が大切にしているスポーツや芸術などの活動を一緒にやってみること。
相手が大切にしている活動を一緒に体験してみることで、ふたりの親密性は高まるでしょう。

ステップ3　心理的な親密性
本当の自分を隠してきたことを取り去って、ありのままの姿をお互いに分かち合うこと。
自分の思いや気持ち、おそれや不安をだれかにうちあけることは、とても勇気がいることで、時間がかかります。

ステップ4　身体的な親密性
これは、最後のステップです。いちばんプライベートなやりかたで自分をオープンにするので、いちばん大変なことです。そのうえ、身体的な親密性へとステップを進めると、ふたりの関係性は変化しますし、必ずしもいい方向に変わるとは限りません。「わたし（ぼく）は、ふたりの関係を変えたいだろうか。今の関係性に身体的な親密性を加える準備ができている？」ということをしっかり考えましょう。

性的な境界線ってなに？ ☆ティーンズ向け

あなたとパートナーが、身体的な親密性を高める準備ができているとしましょう。そこで大事なのは、あなたにとっていちばん大切なことは、あなた自身で決めなければいけないということです。
自分自身や自分のからだは大切なものなので、自分の価値を相手にも尊重してもらうことを望んでいいのです。
だれでも、性的なやりとりのどの点でも、「いや」と言う権利があります。「向きしめられるのはいいけど、キスはいや」「キスはいいけど、セックスはいや」「昨日は大丈夫だったけど、今日はいや」——そんなふうに、「性的な境界線」を主張する権利が、あなたにも相手にもあるのです。ですから、どんな性的なやりとりをするかは、相手とよく話し合わなければなりません。そして、お互いにはっきりと意思表示をしましょう。
身体的な親密性とは、ただ単に、ペニスと膣が触れあうことではありません。気持ちや意見や考えをもったふたりの人間が、お互いにもっとも親密な方法で、お互いを分かち合うということです。
あなたの価値を理解し、大切にし、いたわり示してくれる相手であるか、そしてあなた自身も相手の価値を理解し、尊重し、大切にできるかを確認してくださいね。

【6-10】

自分のからだを好きになること ☆ティーンズ向け

自分を好きになるのは、自分のからだを好きになること、そして、この皮膚のなかに自分が存在していることを心地よいと感じることから始まります。
性暴力は、あなたがからだに対していていだたよい気持ちを、うばいさっていきます。
だから、あなたはもう一度、自分のからだを好きになる方法を学びなおしましょう。

> **ティーンズ向けワーク**
>
> ### からだウォッチング
>
> 1. 大きな鏡の前に立ちましょう。できたら全身が映るような鏡がおすすめです。
>
> 2. 鏡のなかのあなた自身をよく見てみましょう。
>
> 3. からだのいろんな部分をじっくり見てみましょう。
>
> ① まず顔、髪に注目してみましょう。しっかり覗き込んで！
> 髪はどんな色？　どんなふうに輝いている？
>
> ② 笑顔を作ってみましょう。笑うとあなたの目はどうなる？
> 顔はどんなふうになる？　リラックスしているように見える？
>
> ③ 次に手を見てみましょう。
>
> ④ 自分の手が得意なことを考えてみましょう。楽器の演奏？
> 絵を描くこと？　料理？　工作？　字を書くこと？
> だれかの背中をなでてなぐさめること？
>
> ⑤ 次に両手を合わせてこすってみましょう。手の強さ、温かさを感じましょう。
> あなたの手がこれまでにしてきたいろんなよいこと、これからできそうなよいことを考えてみましょう。
>
> ⑥ 次は、胸を見てみましょう。
>
> ⑦ あなたの腕は、なにが得意？　だれかを抱きしめること？　赤ちゃんを抱っこすること？　困っている人の荷物を運んであげること？
>
> ⑧ 手で顔をなでおろして、顔の筋肉を感じてみましょう。あなたの顔がしてきたいろんなよいこと、これからできそうなよいことを考えてみましょう。
>
> こうして、からだの部分一つひとつに注目していきましょう。
> 大切なのは、**自分のからだと仲よくなること**です。
> 自分がいちばん楽にやれるところから始めて、自分のからだを好きになることを学んでいきましょう。

【6-11】

クスをするかどうかは、相手が望むかどうかによる」という子もいるでしょう。

　子どもが感じたことをよく聴き、話し合ってください。

3）自分のからだを好きになること【6-11】

　性被害を受けたことで、自分のからだが「汚い」「ほかの子とはちがう」「以前の自分と変わってしまった」と思うようになる子どもがいます。また、「自分のからだのせいで（胸が大きいから、小柄だから、大人っぽいから）被害にあったんだ」と、自分を責めている子どももいます。加害者や周囲からそのように言われたことがあるのかもしれません。でも、性被害は、子どものからだのせいで起きたわけではありません。性暴力によって、子どものからだが汚れたわけでもありません。

ステップ6　あなたができること　**141**

———からだウォッチング【6-11】———

自分のからだに対してポジティブなまなざしを向けること、そして実際にからだを好きになるワークをやってみましょう。最初は、照れたり、自分のからだを見ること自体に抵抗したりするかもしれません。自分のからだについて「いいところなんてない」と言うこともあるでしょう。このワークでは、子どもが落ち着いて眺められる部位から進めてください（指、髪の毛、耳など、どこでも）。子どもに尋ねながら、ゆっくりしたペースで取り組みましょう。

ホームワーク

このワーク【6-8】は、子どもの支援に関わっている大人（保護者、施設の職員、教員等）も一緒に取り組むことをおすすめします。子どもの話を聴く立場にある大人が、子どもの考えや気持ちを知るよい機会になるからです。たとえ危機的な状況だったとしても、それを大人に伝えようとするときに子どもがどんなことを考えてしまうのか、そしてどんな気持ちから言えなくなるのか、それを子どもに語ってもらうことで、大人は子どもの心境や打ち明ける負担に気づくことができます。

———秘密を打ち明ける負担———

まず大人（支援者）自身が困りごとを打ち明けることのむずかしさを実感するために、次の事例について考えてみてください。これは、ティーンズ向けホームワーク課題を大人用にアレンジしたものです。大人でも、他者のルール違反や境界線破りを打ち明けるのは容易ではないことがわかるでしょう。

① 同僚が、職場のタクシーチケットを不正に横領し、「一緒に乗って行けよ」と言ってきたので、タクシーで自宅まで送ってもらった。

② 友人が、ほかの人の企画書を盗み見ているのを目撃した。その友人に注意すると、「頼むから、だれにも言わないでくれ」と言われた。

③ 車で来ていた友だちが、お酒を飲んでいた。帰りに「乗って行けよ」と言われた。いやだったが、断るのも気まずくて乗せてもらった。

④ 「食事をご馳走するよ」と上司に誘われた。ワインを飲んでほろ酔い気分になり、酔い覚ましに歩いているとき、腰に手をまわされ、服の上からからだを触られた。「ふたりだけの秘密だよ。君に期待しているからね」と言われた。

ホームワークについては、それぞれの事例について、だれかに話せるか、話せないかを話し合います。そして、もし大人に相談をするなら、どういうタイミングで、どんなふう

に切り出したらいいのかを、子どもと一緒に考えてください。

　自然に待っていても、なかなかいいタイミングが訪れないかもしれません。そのため、「あとでふたりだけで話がしたいから、時間をつくって」とか、「話があるから、聞いてほしいの」など、とりあえず話したいという自分の意思を大人に伝えることから始めるのが、現実的で役に立ちます。

　このホームワークは、子どもがどうすべきかを教えるのではなく、いかに打ち明けるのがむずかしいかを子どもと支援者で共有することを目的にしています。打ち明けることの大変さを支援者が理解していれば、子どもが打ち明けたときに、それをしっかり受けとめることができるでしょう。

　また、子どもが打ち明けたいと思っている「サイン」にも敏感になれるでしょう。

以下はワークシート（枠内）

ステップ6　ティーンズ向けホームワーク

困ったことがあったら、大人に話すのが大切だと言われても、実際に大人に伝えるのは、簡単なことではありません。下に挙げた①〜④それぞれの状況で、自分がどんな気持ちになるか、どんな選択をしてしまう可能性が高いかを考えてみましょう。
自分の正直な気持ちを、大人と話し合ってみましょう。
そして、どんなふうに話を聞いてほしいかも伝えてみましょう。
このホームワークは、あなたの生活をサポートしてくれている保護者、養育者（施設の先生、里親など）、あるいは、学校の先生やカウンセラーの先生など、安心感がもてる大人と一緒に取り組むといいでしょう。

▶ 次のような体験をしたら、あなたはどんな気持ちになると思いますか？
▶ このことを大人に伝えたら、どうなると思いますか？　その大人は、あなたになんと言うと思いますか？
▶ もし、大人に伝えないままでいたら、この先どんなことが起こる可能性があると思いますか？
▶ このことを大人に伝えますか？　伝えませんか？　それはどうしてですか？

① 近所のコンビニで、友だちがお菓子を万引きし、自分にも分けてくれたので食べた

② 友だちが学校のテストでカンニングをしているのを目撃した。その子に注意すると、「だれにも言うなよ」と言われた

③ 一緒に遊んでいた友だちがタバコを吸っていた。「おまえも吸うか？」と言われた。いやだったけど、ノリが悪いと思われたくなくてちょっとだけ吸った

④ 先輩に「おごってあげるからカラオケに行こう」と言われてついていったら、服の上から性器を触られた。「今度、いいバイト紹介してやるからな」と言われた

【6-12】

ステップ6のまとめ

　ステップ6では、これからの安全な生活のために、子ども自身ができることを考えました。性暴力に限らず、境界線を侵害されると、こころはもやもやし、不安になりますが、それを大人に相談することは簡単ではありません。どういうタイミングでどんなふうに伝えると相手にわかってもらいやすいかを考え、練習を続けていきましょう。

　また、ティーンズ向けには、親密さの段階や性的境界線についてのコラムを載せています。こころがもやもやする背景には、親密さの段階を誤解していたり、いったん性行為に「OK」をしてしまったら、そのあとは何をされても拒否できないと思い込んでいる場合があるからです。

　こうしたテーマについて、生活のなかで子どもを支援する大人（親、里親、施設職員、教員等）とも話し合うことができれば、大人に相談することへの抵抗感は、いっそう薄らぐでしょう。大人も「いやな性行為は断りなさい」「困ったことはだれかに話しなさい」と一方的に指示するのではなく、親密さの表しかたを子どもと一緒に考えたり、打ち明けることのむずかしさに共感を示したりしながら、「どんなことでも話していいんだよ」と伝えるといった、ていねいな関わりが求められます。

ステップ **STEP7** これからの わたしのために

　ここまでの学習を通して、子どものストレス反応やトラウマ症状が少しでも軽減していることが期待されます。トラウマによる PTSD 症状はまだ残っているかもしれませんが、「ここまでがんばれたのだから、PTSD の治療にもチャレンジしよう」という気持ちになる子どももいるかもしれません。

―― 「自分は平気」って思っていたけれど、本当はそうじゃなかった。

――自分の気持ちに向き合うのはつらかったけど、でも、がんばった！

―― 「あんなことが起きたのは自分のせいだ」と思っていたけど、相手が境界線を破ったのが悪いとわかった。

――もっと、ちゃんと自分の意見が言えるようになりたい。

　この先、専門的な心理療法を受ける場合は、自分の被害体験を受けとめ、気持ちや考えを自覚し、これから取り組むべき課題について見通しをもてていることは、PTSD 症状からの回復を促すものになるでしょう。

　ステップ 7 では、これまで学習してきたことを整理して、自分のよいところやがんばっているところなど、ポジティブな部分に目を向けて、自己肯定感や自己効力感を取り戻すこと（エンパワメント）をめざします。子どもが用いている対処法を「わたしの救急箱」に追加し、困ったときや不安が高まったときなど、いつでも使えるように準備します。そして、支援者も子どもがそれらの対処法を使えるようにサポートし、日常生活のなかで子どもが取り組めていることに目を向け、評価していきます。

　また、子どもは自分のまわりにどんな人がいて、その人たちはなにをしてくれるのか、どんなことを期待してよいのかを考えます。子どもが自分の支援ネットワークを広げ、活用していくことは、性被害からの回復のみならず、再被害の防止や子どもの成長に役立ちます。

　子どもが自分の求めているニーズを理解し、よりよい方法で満たしていくこと、そして、これからも回復に向かって歩み続けることについて、子どもと一緒に考えることで、『マイ ステップ』は終了となります。

1 性被害からの回復 ——アユミの場合 [7-1]

　性暴力被害を受けたアユミが、カウンセリングを受け、『マイ ステップ』に取り組むなかで、自分の考えかたが変化し、日常生活でもイライラや不安に対処できるようになってきたプロセスが紹介されています。

　このアユミの事例を通して伝えたいのは、「自分はもうどうしようもない」という無力感にとらわれて、ますます周囲から孤立してしまうような悪循環が生じていても、そのパターンから抜け出していくことができるということです。

　性被害を受けたことで、これまでは否定的な考えかたや感情にとらわれてしまい、自分や人を傷つける行動をとってしまっていた子どもであっても、**自分のよさや強み（ストレングス）を再認識して、自分や人を大切にする生きかたを選んでいくことができます。**

　『マイ ステップ』に取り組んできた子どもは、すでに、そうした生きかたを実践しているといえます。そうした子どものがんばりや前向きな姿勢を認め、じゅうぶんにほめましょう。

▶▶ 学習の進めかた ◀◀

ワーク1

──どこが変わったかな？ [7-2] ──────────

　アユミが自分や周囲の人を大切にして、かかえている問題をよりよい方法で解決できるようになっていることが、どんな行動からわかるかを考える課題です。カウンセリングを受けて『マイ ステップ』に取り組むまえのアユミと、現在のアユミを比較して、どこがどう変わっているのかを、子どもに具体的に説明してもらいましょう。

　アユミの変化を指摘できるのは、子どもの学習が定着している証拠です。ひとつでもアユミの肯定的な行動を指摘できたなら、大いにほめてください。

2 わたしの救急箱 [7-3]

　アユミは、呼吸法のような「リラクセーション」を生活のなかで取り入れたり、不安が高まったときには、「ポジティブなセルフトーク」を使って気持ちを落ち着かせたりすることができるようになりました。また、自分の気持ちを率直に伝える「アサーション」も大切にし、自分の悩みごとはこころのなかにとどめずに、「大人に相談する」という方法も身につけています。

　『マイ ステップ』のステップ1〜6で学習したさまざまな対処法を復習して、子ども自身がたくさんの対処法を身につけられたことを認識できるようにしましょう。そして、これからも自分や人を傷つけない方法でトラウマ症状に対処していくことを促します。

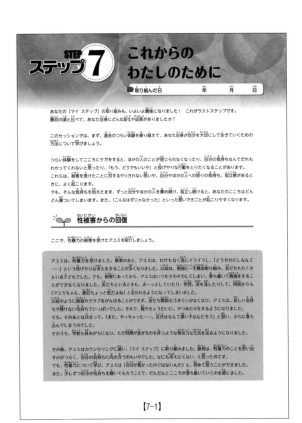

この課題は、カウンセリング終了後も何度も見直して、新たな方法を書き込んでもらうようにしましょう。

▶▶ 学習の進めかた ◀◀

わたしの救急箱【7-3～5】

ワーク2

　子ども自身が『マイ ステップ』の学習などを通して身につけた**対処法（コーピング）**を書き出します。カウンセリング終了後も、もし強い感情に圧倒されそうになったり、フラッシュバックなどが起きたり、睡眠や食事をはじめさまざまな生活上の問題が生じたときには、これらの対処法を積極的に使っていこうと励ましましょう。そして、子どもが考えた対処法は、「わたしの救急箱」のなかにどんどん増やしていきます。

　このワークは、これまでのステップ1～6の学習の復習としても位置づけられます。なかにはまだ練習が不十分で、うまくできない方法もあるかもしれません。あるいは、「これさえあれば大丈夫」というくらい効果の高い方法を思いついた子どももいるでしょう。

　ストレス対処のための、ちょっとした工夫やコツをたくさん挙げていくのがポイントです。お金や手間のかからない、だれにでもすぐできるような方法がおすすめです。

　1．の表では、子どもにとって対処の必要な場面を挙げて、「対処法」と「効果」、

そしてその方法を用いる際のポイントを「処方箋」に記入します。

　2．の課題は、トリガーに直面し、フラッシュバックが起こりそうになるなど、危険信号が鳴ったときにどうしたらよいかという緊急対応プランを立てるものです。とにかく緊急事態ですので、簡単に、安全にできることしか使えません。また、できるだけ2つ以上のプランを立てておくことで、こころにゆとりができるでしょう。多くの場合、不安な場面を想定してこうしたプランを立てておくだけでも、子どもはコントロール感を高めることができます。

③ 支援ネットワーク ──エコ・マップ

　性暴力被害にあった子どもの多くが、「こんな体験をしているのは、世界で自分だけだ」と感じて孤立感をいだき、「だれもわかってくれない、だれにも助けてもらえない」という無力感に苦しめられています。こうした孤立無援感は非常に強いものであり、ときに子どもの生きる力を失わせてしまいます。

　『マイ ステップ』に取り組んだアユミは、家族や学校の先生に助けてもらえるという実感が得られるようになり、友だちとの関係も少しずつ元に戻っていきました。このように、たとえ性被害によって絶望的な気持ちにさせられたとしても、ケアを受けて、子どもが安心・安全、そして自信を取り戻すことができれば、「自分はひとりぼっちではない」と感じられ、「わたしの身のまわりには、わたしを心配して、支えようとしてくれている大人がいる」と気づけるようになります。**自分には支えてくれる人がおり、自分の支援ネットワークがあると意識することは、子どもの回復力をいっそう高める**ものとなります。

▶▶ 学習の進めかた ◀◀

ワーク3

──エコ・マップをつくろう【7-6】────────────

　「エコ・マップ」とは、エコロジー（生態系）を表すマップ（地図）です。子どもたちのまわりには、たくさんの人が暮らしており、そうした人たちからさまざまな影響を受けています。ここでは、とくに自分の力になってくれている人（どんな人でも、動物やイメージでも可）を自分のまわりに描きこむことで、人とつながることの大切さや、すでに身のまわりにある人的資源に目を向けることをねらいにしています。

　記入例を参考に、子どもが自分のエコ・マップを描けるようサポートしてください。ワークシートに記入するのでもかまいませんし、画用紙やカラーペンなどを用いて作成するのもよいでしょう。関係性を線の太さや長さで表すこともできます。

　『マイ ステップ』に一緒に取り組んできた大人はもちろん、カウンセリングの場まで子どもを連れてきてくれた大人、日常のサポート（食事の世話、洗濯、掃除、買い

もの、通院等の付き添いなど）をしてくれる大人、学校の先生、友だちなど、子どもの生活を支えてくれている人たちを挙げていきます。親しいかどうかにかかわらず、例えば、登下校のときに「おはよう」と声をかけてくれる近所の人や、犬の散歩でよく出会う人など、子どもが「元気をもらっている」と感じる相手であれば、名前は知らない人であっても書き込んでかまいません。家族や親戚についても書き込みます。今は離れて暮らしている人や、すでに亡くなった人であっても、これまでに子どもになにかしてくれた人や、思い出すだけでこころが温かくなるような人であれば、ぜひエコ・マップに加えてください。

　エコ・マップが完成したら、全体を眺めて、それぞれが子どもにとってどんな人で、どんな存在なのかを話してもらいましょう。「ああ、そうなのね。そんなふうにしてもらえて、すごくうれしかったね」と受けとめながら、その内容をさらにエコ・マップに書き込むとよいでしょう。

　たくさんの人物や思い出が書き込まれたエコ・マップを眺めるだけで、子どもは「自分はこんなにたくさんの人に支えられている」とか「数は多くないけれど、自分のことを大切に思ってくれる人はたしかにいるんだ」と実感することができるでしょう。

❹　サバイバーになろう [7-7]

　サバイバーとは、直訳すると「生き延びた人」、つまり性被害を受けたあとも果敢に生きている人に対して敬意を示す呼びかたです。トラウマをかかえながら生きていくのは、それだけで大変なことです。そうした性暴力被害者の置かれた苦痛な立場を表現する言葉でもあります。自ら積極的にサバイバーを名乗る被害者がいる一方で、「サバイブする（前向きに生きていく）ことへのプレッシャーを感じる」として、この呼びかたを好まない被害者もいます。また、子どもに教える場合、英語の概念は伝えにくいと感じる支援者もいるようです。

　子どもがもっともイメージしやすい言葉を使うのがよいと思いますが、ここで子どもに伝えたいのは、**自分の強み（ストレングス）に注目することの大切さ**です。自分にはすでにできていることがあると自分自身を認め、前向きな方向性をもち、自他を傷つけない人生を選び取っていくことは、どれも子どものストレングスです。近年、ポジティブ心理学の流れでも、被害による問題や症状だけに注目するのではなく、ストレングスに注目しながら個人の成長や回復を促すことが重視されています。

　サバイバーになることは、**子ども自身が選び取っていく人生の方向性**を表しています。「自分だってやられたから」といって他者の境界線を侵害する行動をとるのか、「どうせわたしなんて」と自暴自棄になって不健康な生活を送ろうとするのか、それを決めるのは、たとえ幼くても子ども自身にほかなりません。たとえ性暴力を受けても、**その痛みに向き**

わたしの救急箱

強い気持ちに圧倒されたり、フラッシュバックなどが起きたり、睡眠・食事をはじめ、さまざまな生活上の困りごとが出てきたときに使えるよい方法を、これまでにステップでたくさん学んできましたね。

ステップ1では、こころとからだを落ち着かせるリラクセーションの方法を学びました。ほんわかイメージ法、ゆったり呼吸法、あったか体操の練習もしました。

ステップ2では、安心・安全を守ってくれる境界線や性行動のルールについて学びました。

ステップ3では、気持ちを表現したり、憂うつな気持ちを緩和するもやもやスッキリ法も考えました。

ステップ4では、からだへの対処法を学びました。からだのセルフケアや着地法も練習しました。

ステップ5では、ネガティブな考えとポジティブな考えのちがいを学び、ポジティブなセルフトークを練習しました。

ステップ6では、自分の気持ちをはっきり伝える言いかたであるアサーションを学びました。

自分も人も傷つけない、あなたなりのやりかたで、性暴力の影響と思われるさまざまな症状や生活上の課題への対処をしていきましょう。
そして、あなたが学んだ方法や身につけた工夫を、**わたしの救急箱**にためていきましょう。

ワーク2

わたしの救急箱

1. 生活上の困りごとに、どのように対処しますか？　あるいは、これからどんな方法を練習してみたいですか？
どんな対処法をどんなふうに使ったらよいか、あなたなりの「処方箋（オススメや注意点）」をつけて、「わたしの救急箱」にいれていきましょう。

こんなときに……	対処法	効果	処方箋
（例）教室に入ろうとしたら、緊張して頭が痛くなる	・廊下で「リラックス呼吸法」を3回以上する ・鶴の「からだほぐし体操」をする	・少し不安が減る ・すっきりして、頭痛が軽くなる	・すぐにできるので簡単 ・首を回すのもオススメ

【7-3】

こんなときに……	対処法	効果	処方箋
（例）友だち関係で気がかりなことがあった	・ポジティブに考える（「自分宛置いすればいい」「だれだって、たまにはそういうこともあると思う」） ・早めに寝る	・気分がらくになる ・さらに前向きな方法を探せる ・よく眠ればすっきり	・冷静に考えようとすると、うまくいく ・効果抜群だけど、これだけに頼りないように注意！

なかには、まだ練習中の対処法もあるでしょう。どんどん練習していきましょう。
あなたが、もっとも効果があると思ったのは、どんな方法でしょうか？ これからも使っていきましょう。

【7-4】

---

2. 「フラッシュバックが起こりそう……！」というような危険信号が鳴ったときにどうしたらよいか、緊急対応プランを立てておきましょう。
下記のポイントを参考にして、よい緊急対応プランを立てましょう。

…… 役に立つ「緊急対応プラン」のポイント ……

★かんたんにできること（むずかしいと緊急時にはできません）
★安全にできること（危険をともなう方法は選ばないこと）
★1つの危険信号につき、2つ以上の緊急対応プランを立てること
（最初のプランがうまくいかなかったら、すぐに別のプランを使おう）

フラッシュバックの危険信号	緊急対応プラン
（例）・エレベーターで、男の人とふたりきりになる	（例）・乗る時点でふたりになりそうなら、乗らずに次のタイミングを待つ ・次の階のボタンを押していったんおりる ・「大丈夫」と自分に言い聞かせながら「ゆったり呼吸法」をする

【7-5】

 支援ネットワーク　～エコ・マップ～

被害のあと、アユミは親やきょうだいにもやつあたりをして、友だちからも遠ざかり、学校にも行けなくなって、どんどん人から孤立していきました。
こんなふうに、性暴力被害にあった子どもたちは、「こんな体験をしているのは、世界に自分ひとりだけだ」と感じたり、「だれにもわかってもらえない、だれにも助けてもらえない」と思い込んで、孤独感（ひとりぼっちな感じ）にさいなまれてしまうことがあります。

でも、「マイ ステップ」に取り組んだあとのアユミはどうでしょうか？ 家族や学校の先生に助けてもらえるという感じを取り戻せていますね。友だちとの関係も、少しずつもてるようになっています。

あなたも、決してひとりぼっちではありません。
あなたのまわりには、あなたのことを心配し、あなたを支えたいと思っている大人や、あなたと友だちでいたいと思っている人がいてくれるのではないでしょうか。

ワーク3

エコ・マップをつくろう

エコ・マップ（生態系地図）というのは、あなたの生活と関係がある人とあなたの関係を図示したものです。
あなたを中心に描いて、そのまわりにどんな人がいて、あなたの生活を支えてくれているのかを、「エコ・マップ」にかいてみましょう。
いま頭ではそばにはいないけれどこころの支えになっている人や、大好きなペットを書き込んでもかまいません。
できあがったら、全体を眺めて、感じたことを話してみましょう。

記入例

【7-6】

合い、自分や他人を大事にしていく生きかたを選ぶことができ、そうしたサバイバー的な行動をとることが回復にもつながるのです。

　支援する大人も、子どものかかえる否定的な認知や行動、その悪循環に巻き込まれると、そこばかりに注目してしまうことがあります。そして、子どもができていることや子どものストレングスには、なかなか目を向けられなくなってしまうのです。そして、「あの子には、いいところなんてない」と子どもを否定的に捉えたり、「自分はなにもできない、支援者として無能だ」といった自己認識が強まってしまいます。これは子どもの無力感が支援者にも伝播してしまい、支援者も「過度の一般化（いつも、絶対、みんな……などの思い込み）」といった思考の誤りが生じてしまうためでもあります。こうなると、状況はますます否定的な方向に進んでしまいます。

▶▶ 学習の進めかた ◀◀

──これはサバイバーの行動？【7-8】──

　サバイバー的な行動と、そうではない行動のちがいが理解できているかどうかを確認します。子どもがそれぞれの行動をどう判断したのか、またどうしてそう思ったのかを話し合いましょう。

🌱 **サバイバーになろう**

被害のあと、自分も周囲の人も大切にできずやつあたりをしてしまうと、あなたはどんどん孤立してしまいます。そして、つらい気持ちをかかえ続けることになってしまいます。
自分も人も大切にできないときには、こんな気持ちをとりがちです。

□ 自分のことを、「悪い子」「なにもできない子」だと思いこんでいるので、自信がもてない

□ 自分が傷つけられたように、他人のことも傷つけてしまう

□ 自己主張ができずに、いつも攻撃的か、言いなりになってしまう

□ 自分のこころやからだなんて「大切じゃない」と思って、なげやりな行動をとってしまう

被害を受けたことで、あなたはそんなふうに思ったり、ふるまってしまったかもしれません。
でも、あなたは、自分らしさを大切にして生きていくことだって、できるのです！

あなたには、自分や周囲の人を大切にして、かかえている問題をよい方法で解決していく力があります。
被害にあったとしても、あなたは自分らしく生活をしていけるのです。

性被害体験があっても、自分らしく生きている人をサバイバーといいます。
サバイバーとは、「サバイバルした人」という意味です。
サバイバルって、わかりますか？　ジャングルが砂漠といったすごく過酷な環境のなかで、必死に生き抜くことを「サバイバル」といいます。大きなストレスにさらされても、つぶされずに前向きに、自分がやりたいことを続けることも「サバイバル」といいます。

性被害を受けることは、それと同じように、とても過酷でつらい体験ともいえます。
そうした体験をしても、あなたのように生き直し、回復のために努力しているのはすばらしいこと。
ですから、そうした人をほめたたえる意味として、被害者をサバイバーと呼ぶことがあるのです。
サバイバーとして、自分らしく生きている人は、こんな行動をとることができます。

□ 自分のことを「よい子」「がんばれる子」だと思っているので、積極的に生きている

□ 自分のことも他人のことも大切に思っているので、ほかの人にも親切にする

□ なにか問題があっても乗り越えられると信じているので、前向きである

□ 自分のまちがいや、自分が取り組む必要のある問題について、素直に認めている

□ 自分と他人の境界線を大切にすることができる

□ 攻撃的になったり言いなりになるのではなく、アサーションで自分の気持ちや考えを伝えられる

□ 心配なときには、信頼できる人に助けを求めることができる

【7-7】

これはサバイバーの行動？

次に書かれているものは、サバイバーの行動でしょうか。
それとも、自分や他人を傷つける行動でしょうか。

1. ノゾミは9歳ですが、4歳のときに3歳上のいとこから、無理やりからだを触られたことがあります。今では、ときどき学校の放課後にクラスメイトをトイレに連れて行き、いやがるその子のからだを触っています。

　　□ ノゾミはサバイバーの行動をとっている

　　□ ノゾミは自分や他人を傷つけている

2. マモルは11歳ですが、3歳から6歳の間、父親から無理やり性器を触られていました。その後、マモルはカウンセリングを受けるようになり、カウンセラーに、自分に起こったことを話し、そんなことになったのは自分のせいではないことを学びました。そして、性的な気持ちが高まったときには、カウンセラーに話をして対処するようにしています。

　　□ マモルはサバイバーの行動をとっている

　　□ マモルは自分や他人を傷つけている

このプログラムを始めたころは、自分や他人を傷つける行動をとっていたかもしれません。
でも、あなたはすでに「マイ ステップ」に取り組み、自分も人も大切にする方法を学んできました！
被害を受けても、自分らしく生きているあなたはサバイバーです。
サバイバーとして、自分に自信と誇りをもって、生きていってほしいと願っています。

サバイバーになるということは、「これで完璧！」というゴールがあるものではありません。
昨日よりも今日、今日よりも明日というふうに、少しずつ自分のペースで、行きつ戻りつしながら自分のよさを再発見してみていく取り組みそのものが、サバイバーとして生きることなのです。

最近のわたし

「マイ ステップ」に取り組み始めてからの自分の行動についてふりかえってみましょう。

1. 自分がしていたことで、自分自身やほかの人を傷つけていた行動はありますか？

2. あなた自身が、「マイ ステップ」の学習を通して、変化したなと思うこと、サバイバーの行動だなと思うことは何ですか？　これからこんなふうにしていきたいと思うことはありますか？

【7-8】

─最近のわたし【7-8】─────────────────

『マイステップ』に取り組み始めてからの、子ども自身の行動をふりかえります。自分や他人を傷つけていた行動と、サバイバー的行動の両方を考える課題です。

この課題は、あくまで、傷つけた行動とサバイバー的行動のそれぞれをふりかえることが目的であり、だれかを傷つけたことについて反省を促すためのものではありません。子どもの自責感を高めることがないように、だれもが自分や他人を傷つけるような行動をとってしまうことはありうることで、とりわけ性被害を受けたあとには、不適切な対処行動が増えてしまいやすいと説明しましょう。

性被害のあとに子どもがとったさまざまな行動は、性暴力による影響があったのかもしれないし、ほかにどうすればよいのか適切な対処方法を知らなかったせいだったのかもしれません。「そうせざるをえないくらい、大変だったんだね」と子どもの気持ちに共感を示しましょう。そのうえで、他人を傷つけるような行動については、それを正当化することなく、事実を認めて繰り返さないようにすることがサバイバー的な行動だと伝えましょう。

そして、子どもが正直に自分の行動をふりかえることができたなら（あるいは、ふりかえろうとしただけでも）、それはとても正直で勇気のある態度であり、サバイバー的な行動だとじゅうぶんにほめてください。『マイ ステップ』に取り組んでいるだけでもサバイバー的な行動がとれていると伝え、支援者から見た子どもの肯定的な行動をたくさん挙げてください。カウンセリングに通う前から、子どもなりに努力してきたことや工夫してきたこともあるはずです。それらにもしっかり注目してください。

つらい体験をしながらも、こうして子どもが生きていること、ときに不安や怒りにかられながらも、なんとか自分で落ち着きを取り戻し、カウンセリングに通えていること、それだけでも本当にすばらしい力をもった子どもなのですから。

5 　なりたい自分の姿をイメージする【7-9】

『マイ ステップ』の最後の課題として、これからの人生で子どもがどんな自分になっていきたいかをイメージしてもらいましょう。

とはいえ、将来の自分についてイメージするのがむずかしい子どももいます。そんなときに参考にしてほしいのが、英国マンチェスター市で性問題行動のある子どもへの治療教育を行っている民間団体 G-Map が整理した「子どもの8つの基本的ニーズ（グッドライフ・ニーズ）」です（プリント，2015）。これらのニーズは、どんな子どもも求めているものであり、それを適切な方法で満たすことがよい人生につながるとされています。これらの項目を念頭に置いておくことで、子どもが未来の自分の姿を思い描くためのサポートが

しやすくなるでしょう。

　子どもの年齢によっては、考えるのがむずかしい項目があるかもしれません。子どもの発達段階や関心を考慮しながら、子ども自身が「どんなふうになりたいか」「どんな生活を送りたいか」を具体的にイメージできるようにサポートしてください。

なりたい自分の姿をイメージする

これからあなたは、どんな自分になっていきたいですか？

◇ 遊びや活動など、どんなことを楽しみたいですか？
　　例：友だちとスノーボードをしたい

◇ どんなことを目標にして達成していきたいですか？
　　例：合唱コンテストで銀賞以上をとりたい

◇ 「あなたらしさ」ってどんな感じだと思いますか？
　　例：カラオケで90点以上出せるくらい歌がうまい！！

◇ どんな仲間とつながりたいですか？　どんな友だちをもちたいですか？
　　例：スノーボードが好きな友だちを増やしたい

◇ クラブや学校、地域でどんな役割を果たしていきたいですか？
　　例：合唱部のリーダーをがんばる

◇ いつも生き生きとした気持ちでいられるように、どんなことをしていきたいですか？　なにを学びたいですか？
　　例：これからもカウンセリングを続ける
　　　　アサーションのコミュニケーションができるようになりたい

◇ 健康に暮らすために、どんなことをしていきたいですか？　なにを学びたいですか？
　　例：朝ごはんをちゃんと食べる

◇ 自分の「性」を受け入れて、人との関わりも楽しむために、どんなことをしていきたいですか？　なにを学びたいですか？
　　例：自分に似合う服を選んで、オシャレになりたい
　　　　ファッションについて詳しくなりたい

【7-9】

子どもの8つの基本的ニーズ（グッドライフ・ニーズ）

① **楽しむ**：余暇や遊びをしたいという欲求。子どもが楽しめるような、あらゆる活動や気晴らしを含む。なんらかの行動の結果として、間接的に楽しみを味わえる場合も含まれる。

② **達成する**：熟達感や達成感を得たいという欲求。子どもが達成感を得られるような、あらゆる活動や気晴らし。

③ **自分自身である**：自律的でありたい、あるいは個人的な変化を成し遂げる主体でありたいという欲求。子どもが自分らしさを表現し、ほかの人とは異なる存在であると実感できるようなあらゆる活動や状況。

④ **人と関わる**：他者と関わりたい、所属したい、親しくて愛情に満ちた他者とのつながりを形成したいという欲求。子どもが親密感、社会的受容、親しさを感じられるあらゆる関係性。

⑤ **目的をもち、よりよくなる**：生きるうえでの大きな目標をもち、自分が重要な存在だと感じる欲求。自分自身がより大きなつながりのなかの一部として存在しているのだと感じること。

⑥ **情緒的健康**：内的平穏、情緒的な落ち着き、安全感、有能感という感覚をもち続

けること。自分自身をなだめたり、自分の気持ちを自覚したりする力や、情緒的な
レジリエンス（回復力）をもっていること。

⑦　**身体的健康**：身体的に健康であろうとし、からだを大事にすること。睡眠、食
事、運動、衛生、身体的安全、身体的機能など。

⑧　**性的健康**：性的充足や喜びを得たいという欲求。性的能力や性的満足感のほか
に、性的知識、セクシュアリティ、性的発達、性的能力、性的喜びと充足など。

▶▶ 学習の進めかた ◀◀

　上記の８つのニーズに沿ったかたちで子どもへの問いかけが並んでいますので、それぞ
れについて子どもと話し合ってください。豊かな人生を送るためには、さまざまなニーズ
を満たしていく必要があります。

　子どものなかには一部のニーズにとらわれてしまい、ほかのニーズを満たしにくくなる
ことがあります。例えば、「人と関わる」ことだけに価値を置いており、「自分自身であ
る」ことができなくなったり、周囲に気を使いすぎて「精神的健康」を害したりすること
もあります。性被害を受けた子どもであれば、「性的健康」のニーズが阻害されること
で、「精神的健康」や「目的をもち、よりよくなる」といったほかのニーズを満たせなく
なるかもしれません。あるいは、「性的健康」ばかりに気をとられて、ほかのニーズを充
足できない場合もあるでしょう。

　幅広いニーズについて話し合っていくことで、子ども自身がさまざまな楽しみや課題に
目を向けやすくなります。こうすべきというものではなく、子どもが今の生活や今後の目
標について考えられるように、子どもと話し合ってください。

ワーク6　──**これからのわたし**【7-10】 ────────────────────

　子どもの多様なニーズを共有したあとに、ワーク６に取り組みます。３年後、７年
後の自分のイメージを描きます。文章で表現するだけでなく、絵を描いたり、その絵
に解説をつけたりするのでもよいでしょう。

　このワークブックのスペースでは足りないようであれば、別途、画用紙などを用意
して、絵の具を使ったり、コラージュを作成したりするのもおすすめです。

　『マイ ステップ』による一連の心理教育のまとめとして、子ども自身で自分のための修了証を作成するワークをおこないます。この作業は、**自分自身に対するアファメーション**（ステップ5参照）になります。また、一緒にプログラムに取り組んできた支援者からも、子どもへのアファメーションをおこないます。

　相手の行動を肯定的に認める言葉かけであるアファメーションは、相手のよいところやできていること、相手に感謝していることを伝えるもので、とても大きなパワーをもっています。他者から贈られたアファメーションの言葉（「カウンセリングに取り組んで、すごく勇気がある」）は、子ども自身の「ポジティブなセルフトーク」（「わたしはすごく勇気がある子だ！」ステップ5【5-12】参照）につながります。

　また、アファメーションは他者から贈られるだけでなく、子ども自身が他者に対して肯定的なメッセージを伝えることにも意味があります。相手のよさや強みといったストレングスに注目し、それを率直に伝えることは、相手に心地よいパワーを与えるものになると同時に、**「相手のよさを認めて、肯定的なパワーを与えられる自分」**を実感し、自己肯定感を高められるからです。

　『マイ ステップ』に取り組むことをサポートしてくれた大人たち（親、施設職員、学校

の先生、児童相談所のケースワーカーなど）にも、子どもへのアファメーションをお願い
しましょう。可能ならば、大人と子どもが相互にアファメーションできるのが理想的で
す。

　修了証の様式は、子どもに合わせて、自由につくりかえてください。

修了のお祝い

　アファメーションが書かれた修了証を子どもに渡す際は、子どもをカウンセリングの場
に連れてきてくれた保護者や支援者も同席してもらい、ぜひ一緒に、子どものこれまでの
がんばりをたたえるお祝い会を開催してください。セッションの最後の短い時間でかまい
ませんし、大がかりな準備は必要ありません。ちょっとしたお菓子や記念品（シールや
カードなど）があれば、子どもはとても喜ぶことでしょう。支援に携わってきた大人たち
が子どもを囲み、子どもが手作りした修了証を本人に渡し、たっぷりアファメーションの
シャワーを浴びせてください！　支援者同士も、お互いをねぎらうアファメーションをし
ましょう。

　きっと、子どものみならず、大人にとっても思い出深い修了式になるはずです。子ども
がさらなる回復への道を歩み出す一歩を、みんなで見守りたいものです。

引用・参考文献

米国精神医学会（2014）『DSM-5　精神疾患の診断・統計マニュアル』日本精神神経学会（監修）・髙橋三郎他（翻訳），医学書院.

バイヤリー，C. M.（2010）『子どもが性被害を受けたとき――お母さんと，支援者のための本』宮地尚子（監訳），明石書店.

コーエン，J. A.（2014）『子どものトラウマと悲嘆の治療――トラウマ・フォーカスト認知行動療法マニュアル』白川美也子・菱川 愛・冨永良喜（監訳），金剛出版.

コーエン，J. A., 他（2015）『子どものためのトラウマフォーカスト認知行動療法――さまざまな臨床現場における TF-CBT 実践ガイド』亀岡智美・紀平省悟・白川美也子（監訳），岩崎学術出版社.

デブリンジャー，E., 他（2021）『これ、知ってる？――子どものトラウマ，性教育，安全についての治療用カードゲーム（第2版）』亀岡智美（監訳），誠信書房.

フォア，E. B., キーン，T. M., フリードマン，M. J., & コーエン，J. A.（2013）『PTSD 治療ガイドライン　第2版』飛鳥井望（監訳），金剛出版.

藤森和美・野坂祐子（編）（2023）『子どもへの性暴力――その理解と支援［第2版］』誠信書房.

ヘンドリック，A., 他（2014）「あなただけの大切な TF-CBT ワークブック　第2版」兵庫県こころのケアセンター・大阪教育大学学校危機メンタルサポートセンター（訳）. https://www.j-hits.org/_files/00127394/tf-work20140606.pdf（2023. 10. 1. 取得）.

亀岡智美・飛鳥井望（編）（2021）『子どものトラウマと PTSD の治療――エビデンスとさまざまな現場における実践』誠信書房.

カーン，T. J.（2009）『回復への道のり――ロードマップ』藤岡淳子（監訳），誠信書房.

カーン，T. J.（2009）『回復への道のり――パスウェイズ』藤岡淳子（監訳），誠信書房.

メイザー，C. L., デバイ，K. E.（2015）『あなたに伝えたいこと――性的虐待・性被害からの回復のために』野坂祐子・浅野恭子（訳），誠信書房.

野坂祐子（2020）『トラウマフォームドケア――"問題行動"を捉えなおす援助の視点』日本評論社.

野坂祐子・浅野恭子（2022）『性をはぐくむ親子の対話――この子がおとなになるまでに』日本評論社.

プリント，B.（編）（2015）『性加害行動のある少年少女のためのグッドライフ・モデル』藤岡淳子・野坂祐子（監訳），誠信書房.

ロスバウム，他（2012）『PTSD の持続エクスポージャー療法ワークブック――トラウマ体験からあなたの人生を取り戻すために』小西聖子・金 吉晴（監訳），星和書店.

【著者紹介】

野坂　祐子（のさか　さちこ）

大阪大学大学院人間科学研究科教授。

お茶の水女子大学大学院博士課程単位取得退学、大阪教育大学学校危機メンタルサポートセンター准教授などを経て、現職。臨床心理士、公認心理師、博士（人間学）。

主な著書に、『トラウマインフォームドケア――"問題行動"を捉えなおす援助の視点』（日本評論社、2019年）、『性をはぐくむ親子の対話――この子がおとなになるまでに』（共著、日本評論社、2022年）、『子どもへの性暴力――その理解と支援［第2版］』（共編著、誠信書房、2023年）、『性問題行動のある子どもへの対応――治療教育の現場から』（共編著、誠信書房、2023年）、他多数。

浅野　恭子（あさの　やすこ）

甲南女子大学人間科学部准教授。

京都女子大学大学院家政学研究科児童学専攻修士課程修了、大阪府の児童相談所、児童自立支援施設等で心理職として勤務し、大阪府女性相談センター所長などを経て、現職。臨床心理士、公認心理師。

主な著書に、『子どものトラウマ――アセスメント・診断・治療』（分担執筆、金剛出版、2019年）、『学校トラウマの実際と対応』（分担執筆、誠信書房、2020年）、『性をはぐくむ親子の対話――この子がおとなになるまでに』（共著、日本評論社、2022年）、『子どもへの性暴力――その理解と支援［第2版］』（共著、誠信書房、2023年）、他多数。

マイ ステップ[改訂版]
——性被害を受けた子どもと支援者のための心理教育

2023 年 11 月 25 日　第 1 刷発行
2024 年 9 月 5 日　第 2 刷発行

著　　者　　野　坂　祐　子
　　　　　　浅　野　恭　子
発　行　者　　柴　田　敏　樹
印　刷　者　　藤　森　英　夫

発行所　株式会社　誠信書房
〒112-0012 東京都文京区大塚 3-20-6
電話 03 (3946) 5666
https://www.seishinshobo.co.jp/

子どもへの性暴力［第2版］
その理解と支援

藤森和美・野坂祐子 編

深刻化する子どもへの性暴力の現実を解説し、最新の支援を具体的に示す。関連法改正も踏まえた第2版が日々の支援をさらに向上させる。

目 次
第Ⅰ部　子どもに対する性暴力──概論
第1章　子どもへの性暴力の特徴
第2章　性的虐待の発見と子どもへの影響
第3章　性暴力を受けた子どもの性問題行動
第4章　性暴力被害の長期的影響
第5章　支援者へのトラウマの影響
第Ⅱ部　性被害を受けた子どもへの支援──実践編
第6章　学校における介入支援の実際
第7章　保護者に対する心理教育
第8章　性的トラウマに焦点をあてた支援の実際
第9章　チーム学校による支援のあり方
第10章　性暴力被害に学校やスクールカウンセラーがどう関われるか
第11章　子どもへの法的支援

B5判並製　定価（本体2700円＋税）

あなたに伝えたいこと
性的虐待・性被害からの回復のために

シンシア・L・メイザー／K・E・デバイ 著
野坂祐子・浅野恭子 訳

子どもの頃に性被害を受けて立ち直った著者が、自らの実体験から得た知識に基づく回復のためのアドバイスを具体的詳細に伝える。

目 次
第Ⅰ部　痛みが始まる
　1．あなたはひとりじゃない
　2．あれは本当に性暴力だったの？
　3．インターネット性犯罪
第Ⅱ部　助けを求めよう
　4．だれかに話すこと
　5．まわりの人はなんて言うだろう？
　6．わたしはどうなっちゃうの？/他
第Ⅲ部　さらなる前進
　8．回復することも、ひとつの選択肢
　9．生き抜いてきた自分を誇ろう
　10．未来への道を築くこと
　11．許すこと──許す？　許さない?/他
第Ⅳ部　知っておきたいこと
　13．加害者について知っておくべきこと
　14．友だちとして知っておくべきこと
　15．サバイバーからあなたへのメッセージ

A5判並製　定価（本体3600円＋税）

子どものトラウマと
PTSDの治療
エビデンスとさまざまな現場における実践

亀岡智美・飛鳥井 望 編著

子どもの PTSD への第一選択治療として最も普及しているトラウマフォーカスト認知行動療法。日本におけるその実証と実践の書。

主要目次
第Ⅰ部　わが国におけるトラウマ治療とトラウマ
　　　　フォーカスト認知行動療法の国際的発展
第1章　わが国におけるトラウマ治療の展開
第2章　国際的なトラウマフォーカスト認知
　　　　行動療法研究
第Ⅱ部　トラウマフォーカスト認知行動療法
　　　　のわが国での展開
第3章　トラウマフォーカスト認知行動療法
　　　　のわが国への導入と効果検証 / 他
第Ⅲ部　さまざまな現場におけるトラウマ
　　　　フォーカスト認知行動療法の実践
第6章　犯罪被害とトラウマフォーカスト認
　　　　知行動療法 / 他
第10章　小児精神保健科におけるトラウマ
　　　　フォーカスト認知行動療法
第11章　小児総合病院におけるトラウマ
　　　　フォーカスト認知行動療法

A5判並製　定価(本体2500円＋税)

子どものPTSDの
アセスメント
UCLA 心的外傷後ストレス障害インデックスの手引き

亀岡智美 著

「UCLA 心的外傷後ストレス障害インデックス」は国際的に最も汎用されている子どものトラウマのアセスメント尺度であり、その日本語版も信頼性・妥当性が確認されている。しかし、その実施には工夫が必要となる。本書では、著者らが実際の臨床において、試行錯誤しながら構築してきた、アセスメントの有用な実施方法を解説する。
子どものトラウマ支援に携わる人にとって、大いに役立つ1冊である。

目　次
第1章　子どものトラウマと PTSD
第2章　アセスメントの枠組みとアセスメント尺度
第3章　UCLA 心的外傷後ストレス障害イン
　　　　デックスの信頼性と妥当性
第4章　アセスメント実施前の留意点
第5章　UCLA 心的外傷後ストレス障害イン
　　　　デックスの実施方法
第6章　アセスメント実施後のフィードバック部

A5判並製　定価(本体1300円＋税)

性問題行動のある子どもへの対応

治療教育の現場から

藤岡淳子・野坂祐子・毛利真弓 編著

児童福祉機関における性問題行動への治療教育プログラムの実践を振り返りつつ、理論的な基礎から臨床上のコツまで、具体的に論じる。

目　次
第Ⅰ部　性問題行動のアセスメント
第1章　アセスメントとは何か
第2章　アセスメントと介入の原則
第3章　アセスメントの実際
第Ⅱ部　治療教育実践のポイントとコツ
第4章　動機づけと性問題行動の理解
第5章　治療教育における重要な概念と実践
第Ⅲ部　治療教育プログラム実施のシステムづくり
第6章　治療教育プログラムを開始する
第7章　治療教育プログラムを継続する
第8章　保護者支援を組み込む
【座談会】性問題行動の治療教育──20年をふり返って

A5判並製　定価（本体2700円＋税）

子どものポストトラウマティック・プレイ

虐待によるトラウマの心理療法

エリアナ・ギル著
西澤哲 監訳

トラウマ体験が遊びの中で再演されるプレイを治療に生かし、治癒に導くための理論と技法。子どものトラウマに関わる全ての治療者に。

目　次
第Ⅰ部　ポストトラウマティック・プレイの理解
第1章　子どものポストトラウマティック・プレイへの導入
第2章　ポストトラウマティック・プレイの種類，形態，段階
第3章　ポストトラウマティック・プレイの評価と中毒性のある場合の介入／他
第Ⅱ部　臨床事例の提示
第6章　交通事故
第7章　「もしママが戻ってきたら」
第8章　パパは私が本当に悪いときに叩くの
第9章　ポストトラウマティック・プレイが自然に起こらないとき／他
第12章　いじめがもたらす戦慄
第13章　「自分で外に出るよ」
第14章　合同セッションによるナラティブの共有

A5判並製　定価（本体3500円＋税）